GATOS & GATINHOS

guia prático e completo

GATOS & GATINHOS

guia prático e completo

Lydia Darbyshire

edições 70

Título original:
Cats and Kittens

© 1998 Quintet Publishing Limited

Tradução: Pedro Elói Duarte

Revisão da tradução, condensação e adaptação do texto:
Ruy Oliveira

Depósito Legal n.º 182191/02

ISBN: 972-44-1141-9

Direitos reservados para língua portuguesa
por Edições 70

EDIÇÕES 70, Lda.
Rua Luciano Cordeiro, 123 - 2.º Esq. – 1069-157 Lisboa / Portugal
Telefs.: 213190240 – Fax: 213190249
e-mail: edi.70@mail.telepac.pt

www.edicoes70.pt

Esta obra está protegida pela lei. Não pode ser reproduzida,
no todo ou em parte, qualquer que seja o modo utilizado,
incluindo fotocópia e xerocópia, sem prévia autorização do Editor.
Qualquer transgressão à lei dos Direitos de Autor será passível
de procedimento judicial.

ÍNDICE

Introdução 6

Os gatos na história 8

Domesticação 12

Como identificar gatos 16

Comportamento do gato 26

Cuidar do seu gato 33

Identificação 43

Raças de pêlo comprido 44

Raças de pêlo semicomprido 80

Raças de pêlo curto 108

Exóticos de pêlo curto 150

Raças orientais 184

Criação 213

Exposição 219

Índice remissivo 223

INTRODUÇÃO

Há muito que os gatos são apreciados e protegidos, e a sua história decorre desde os tempos dos antigos Egípcios; embora a sorte dos gatos tenha tido altos e baixos, conseguiram conservar praticamente iguais o seu tamanho e carácter básicos.

O actual gato doméstico tem uma relação tolerante com os humanos e aproveita-se das comodidades de um bom ambiente familiar, enquanto conserva a sua natureza independente. Os padrões inatos de comportamento dos antepassados bravios continuam a existir, mesmo em gatos de elevado *pedigree*, mas o pêlo e compleição destes apresenta poucas semelhanças com os gatos antigos. Mesmo o gato actual mais mimado reage aos instintos de caça e conserva todas as capacidades físicas dos seus antepassados.

Ter um gato de estimação em casa pode ser terapêutico e compensador. Nenhum animal de estimação é tão limpo e meticuloso nos seus hábitos e tão fácil de cuidar. Cada um deles é bonito à sua maneira, mas a grande gama de raças, cores e variedades de *pedigree* que existe hoje em dia significa que cada apreciador de gatos pode ter acesso às suas preferências particulares.

Provavelmente, o gato é o animal doméstico mais comum na maior parte do mundo. Onde há concentração de pessoas, existem grupos de gatos, quer vivendo em liberdade quer como animais de companhia para manter afastados roedores, insectos ou cobras. Apesar da familiaridade com os humanos, o gato doméstico conserva o seu ar de misteriosa independência.

Animal paradoxal, pode ser carinhoso e atrevido. Combina prudência com coragem e alterna períodos de relaxamento total com outros de notável agilidade. É fácil, observando um gato de estimação, imaginar o seu antepassado, o pequeno e eficaz mamífero *Miacis*, que surgiu na época dos dinossauros. De compleição pequena, o gato teve de confiar sempre na habilidade e na velocidade para escapar dos predadores e para caçar as suas presas. A sua dentição especial em fila e as suas garras retrácteis ajudaram-no a garantir a sobrevivência como carnívoro durante a sua evolução.

A compleição genética do actual gato doméstico foi tão manipulada pela criação selectiva, que alguns felinos se parecem muito pouco com os do antigo Egipto. O tamanho do nariz dos gatos persas foi reduzido, ao passo que o dos orientais foi alargado. Algumas raças apresentam ossos fortes e outras têm ossos frágeis. Porém, apesar de todos os esforços para contrariar a natureza, a estrutura básica do gato doméstico resistiu à intervenção humana, e a biologia do animal é a mesma, seja um campeão chinchila seja um vulgar gato da rua. A grande deusa-gato Bast continua a velar pelo *Felis domesticus*, assegurando-se de que todos continuem a ser parecidos em tamanho e em carácter: felinos afectuosos, exigentes e caprichosos companheiros, mas que nunca serão dependentes ou subservientes em relação aos humanos.

A intenção deste livro é mostrar a variada e interessante gama de raças de gatos domésticos actualmente existentes, tendo em conta a compleição, tipos e padrões de pelagem. Também examina os diferentes cuidados exigidos por cada raça e as suas características especiais, e fornece uma breve introdução ao mundo das exposições.

Mesmo os mais actuais e sofisticados gatos com *pedigree*, como o abissínio, conservam todos os seus naturais instintos de caça.

OS GATOS NA HISTÓRIA

O facto de um casal de gatos domésticos, de qualquer parte do mundo, poder ser facilmente cruzado, significa que descendem de uma única espécie e de um antepassado comum.

A domesticação do gato iniciou-se provavelmente no Médio Oriente, e os primeiros gatos que se aproximaram das pessoas eram quase de certeza da raça *Felis lybica*, o gato bravo africano. Trata-se de um animal gracioso, de cor muito parecida com a do gato doméstico listrado. Muitos dos crânios nos cemitérios de gatos do antigo Egipto assemelham-se aos do *Felis lybica*, ao passo que uma pequena proporção é parecida com o gato da selva, o *Felis lybica*. Parece que os antigos Egípcios domesticaram os dois tipos, mas o gato bravo africano era, por certo, o mais conhecido e o mais fácil de domesticar.

O Egipto era a maior área de cultivo de cereais do mundo antigo, e construíam-se

No antigo Egipto, o gato era deificado e usado também para proteger os celeiros e caçar pássaros.

enormes celeiros nos quais se guardavam para anos piores os excedentes de boas colheitas. Como caçadores de roedores, os gatos devem ter sido vitais para a economia desta época. Os antigos Egípcios também apreciavam a ligação natural entre o gato e o leão, e adoravam a deusa Bast, também chamada Bastet, que de início era representada com a cabeça de leão e, mais tarde, com a cabeça de gato. Bast era considerada a deusa do amor e da Lua. O gato era associado a ela, como deusa do amor, por causa da natureza fecunda do animal, e como deusa da Lua por causa da forma variável das pupilas dos olhos, pois acreditava-se que se dilatavam e contraíam com o crescente e o minguante da Lua. As estátuas egípcias de Bast mostram a sua ligação à fertilidade e ao prazer. Em várias delas, a deusa, com uma cabeça de gato vigilante, está erecta segurando um sistro numa mão e um chocalho na outra. O chocalho simbolizava tanto o falo como o útero, e a fertilidade simbólica da deusa era reforçada por vários gatinhos, normalmente cinco, sentados aos seus pés. As mulheres desta época costumavam usar amuletos de fertilidade que representavam Bast e a sua família felina.

Em egípcio, o nome original do gato era *mau*, talvez por causa do seu miado, que também significava «ver». Os Egípcios consideravam que o seu olhar fixo lhe dava poderes para procurar a verdade e ver para além da morte. Bast, por vezes chamada Senhora da Verdade, era invocada em cerimónias de mumificação para garantir a vida após a morte.

Os gatos desempenhavam um papel tão complexo e importante na vida dos antigos Egípcios que os animais vivos eram mimados e, em certos casos, adorados. Depois da morte de um gato, famílias inteiras ficavam de luto, e o seu corpo era embalsamado e colocado num túmulo sagrado. No Egipto, descobriram-se milhares de gatos mumificados, alguns tão bem conservados que contribuíram para o aumento do nosso conhecimento acerca dos primeiros gatos domesticados.

O costume de ter gatos estendeu-se lentamente para os países do Médio Oriente. Um documento em sânscrito do ano 1000 a.C. faz referência a um gato de companhia, e as

A deusa-gato Bast, com um sistro usado como chocalho sagrado para assustar deuses maléficos e uma pequena cabeça de leão como égide ou escudo. Os dois objectos servem para proteger os gatitos sentados a seus pés.

OS GATOS NA HISTÓRIA

epopeias indianas *Ramayana* e *Mahabharata*, de cerca 500 a.C., contêm histórias sobre estes animais. Os Indianos desta época adoravam uma deusa felina da maternidade chamada Sasti e, durante décadas, os hindus eram obrigados a alimentar pelo menos um gato. Os gatos chegaram à China por volta do ano 400 d.C. e consta que, em 595, uma imperatriz foi embruxada pelo espírito de um deles. No século XII, as famílias chinesas ricas tinham gatos amarelos e brancos, conhecidos como «gatos-leões», bastante apreciados como animais de companhia. O controlo de animais daninhos era feito por gatos de pêlo comprido, e estes animais eram vendidos nos mercados de rua. Os gatos domésticos foram introduzidos no Japão a partir da China no reinado de Ichi-o, que viveu de 986 a 1011. Está registado que, no décimo dia da quinta Lua, o gato branco do imperador

Um mosaico encontrado nas ruínas de Pompeios, datado do século I a.C., mostra um gato de olhos brilhantes agarrando a presa.

deu à luz cinco filhotes brancos, e nomeou-se uma ama para que fossem criados como se se tratassem de príncipes reais. Na literatura japonesa existem ainda muitas lendas e histórias sobre gatos, e a imagem mais duradoura é a do Maneki-neko, o gato que escuta ou fala por enigmas, que se encontra ainda actualmente em amuletos e adornos.

Em todo o mundo, antes da caça às bruxas da Idade Média, os gatos eram tratados com afeição e respeito. O seu grande atributo era a superlativa eficiência para controlar animais daninhos.

Os deuses de uma religião podem converter-se nos demónios da sua sucessora, e, no caso do

OS GATOS NA HISTÓRIA

Mesmo no século XIX, havia quem dissesse que as bruxas se transformavam em gatos pretos, o que fazia com que estes fossem muito temidos.

Mas a sorte dos gatos mudou uma vez mais. Tornaram-se apreciados, e os que tinham cores e marcas pouco comuns eram preferidos como animais de estimação. Foram levados para todo o mundo como valiosos presentes e deram origem às muitas raças e variedades que conhecemos actualmente.

Os gatos tornaram-se animais de estimação.

Na Idade Média, a arte da bruxaria era muito comum. Uma bruxa tinha sempre como «familiar» um gato preto, e dizia-se que era capaz de se transformar na forma dele.

gato, os seus hábitos nocturnos, sentido de sobrevivência e, frequentemente, comportamento erótico aceleraram o processo durante os séculos XVI e XVII. Nesta altura, a caça às bruxas estava no auge, e os gatos figuravam em lugar proeminente na maioria dos julgamentos de bruxas por toda a Europa.

DOMESTICAÇÃO

O gato é um mamífero – animal relativamente pequeno com pêlo, que auto-regula a temperatura do seu corpo, e cuja fêmea tem mamas que produzem leite. Há cerca de quinze mil espécies de mamíferos entre mais ou menos um milhão de espécies de animais.

A o longo da cadeia evolutiva que deu origem a todos os viventes, os primeiros mamíferos desenvolveram-se a partir dos répteis há cerca de 200 milhões de anos. Mas só há cerca de 70 milhões de anos é que começaram a assumir um papel dominante e a desenvolver-se nas muitas famílias que existem hoje em dia.

Surgiram vários grupos de carnívoros que foram considerados caçadores e entre eles estava o *Miacis*. De início, este era um animal pequeno, parecido com a doninha, mas tinha o equipamento necessário para sobreviver e para se desenvolver, ao passo que outros carnívoros entraram em extinção. Há cerca de 45-50 milhões de anos, à medida que o processo evolutivo agia sobre eles, oferecendo-lhes outros nichos para preencher, transformaram-se nos antepassados das actuais famílias de carnívoros, que incluem os gatos.

Impulsionados pelas suas capacidades de caça, os gatos disseminaram-se rapidamente e evoluíram para diferentes formas que podiam tirar vantagem da localização da caça e do meio ambiente. Poucas destas «experiências» evolutivas sobrevivem actualmente. Passaram 13 000 anos desde que o tigre dentes-de-sabre – que chegou a povoar todo o planeta – andava pela Terra. O tigre gigante da Ásia e o leão das cavernas da Europa também se extinguiram, provavelmente antes do tigre dentes-de-sabre.

Os primeiros antepassados do gato moderno foram contemporâneos destes animais agora extintos, mas conseguiram aproveitar melhor a sua situação e sobreviveram. O registo fossilizado mais antigo que se conhece com uma forte semelhança com o gato actual foi datado com cerca de 12 milhões de anos.

Há apenas três milhões de anos, a Terra era habitada por muito mais variedades diferentes de félidas do que os três géneros conhecidos hoje em dia: *Pantera*, os grandes felinos, tais

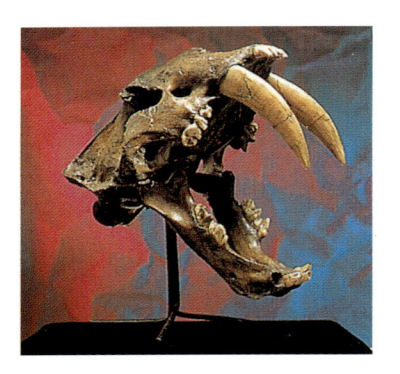

Crânio pré-histórico do temível *Smilodon*, ou tigre dentes-de-sabre, uma forma antiga de felino que viveu há 13 000 anos. Para acomodar os grandes dentes caninos superiores, que eram usados para matar e despedaçar a presa, a mandíbula podia abrir 90 graus.

DOMESTICAÇÃO

como os leões, que têm um pequeno osso hióide na base da língua que se move livremente e que lhes permite rugir; *Felis*, os felinos mais pequenos, que têm um osso hióide rígido e não podem rugir; e *Acinonyx* – só a chita – cujas garras não são completamente retrácteis.

Pensa-se que, actualmente, existem cerca de 40 espécies diferentes de felinos. O gato doméstico é apenas uma delas, mas, com a ajuda do homem, desenvolveu maior variedade do que todas as outras. Enquanto a cor e o padrão do pêlo evoluíu nos gatos bravos apenas na medida em que precisam de se camuflar das suas presas e dos seus rivais, a criação controlada introduziu dramáticas variações nas características físicas dos gatos domésticos que nada têm a ver com a evolução ou com o seu meio ambiente.

O homem também introduziu o gato nas poucas regiões do planeta para onde a Natureza ainda não os tinha levado. Há cerca de dois milhões de anos, os gatos existiam em quase todos os continentes. O movimento dos continentes voltou a unir a América do Norte e a América do Sul, levando os primeiros gatos para a zona sul. Mas muitas ilhas (como as Galápagos, na costa da América do Sul) só há poucos séculos começaram a ter predadores felinos, quando o homem desembarcou nelas com os seus gatos. Estes novos carnívoros

Os felinos actuais dividem-se em três géneros: *Acinonyx* (abaixo): a chita, cujas garras não são completamente retrácteis; *Felis* (abaixo, à direita): os gatos pequenos, incluindo as muitas raças domésticas; e *Pantera* (à direita): os grandes felinos, tais como os leões.

DOMESTICAÇÃO

constituíram um desastre para a fauna indígena. Do mesmo modo, a Austrália só teve gatos depois de o homem os levar para lá. A Antárctica continua a não ter gatos.

À medida que o homem começou a ter consciência do valor que os diferentes animais podiam ter, começou a domesticá-los. Os cães eram excelentes parceiros de caça. As vacas forneciam carne, leite e trabalho. Os cavalos eram um óptimo meio de transporte.

No entanto, foram os gatos que decidiram viver com o homem, e não o contrário. Aquilo que os atraía era a quantidade de ratos que se juntava em redor dos armazéns de comida que o homem aprendera a construir com os antigos Egípcios. Os primeiros gatos que decidiram viver perto ou junto do homem, e que se tornaram assim os antepassados de todas as raças domésticas, pertenciam, como dissemos, à espécie do gato bravo africano, o *Felis Lybica*, que ainda existe actualmente.

O mais antigo vestígio de uma relação de cooperação entre o homem e o gato data de há 4500 anos. Chegou até nós na forma de imagens de gatos pintadas em paredes de túmulos, de imagens esculpidas e até de restos de gatos mumificados.

A religião egípcia incluía imagens de felinos entre outros símbolos sagrados antes de os gatos reclamarem os celeiros como território de caça. Os Egípcios acreditavam que os seus deuses tomavam a forma felina para transmitirem ordens e augúrios. Os sacerdotes começaram por adorar o leão, mas este era um animal grande e perigoso. Depois, encontraram um símbolo mais agradável nos felinos mais pequenos e caçadores de ratos. Estes antepassados do gato doméstico não estavam domesticados, mas eram mais sociáveis do que os leões.

À medida que cada nova geração de gatos (e houve muitas antes de a mais recente procurar a protecção do homem) demonstrava maior domesticação, os animais começaram a partilhar as casas dos Egípcios.

Apesar de domesticados, não perderam o seu estatuto sagrado. Matar um gato era um crime punido com a morte. Quando morriam, os felinos eram embalsamados, mumificados e colocavam-se ratos embalsamados nos seus túmulos. As famílias enlutavam-se pela morte dos gatos que tinham partilhado as suas casas, tal como o faziam pelos membros humanos da família. Numa antiga cidade desenterrada nos finais de 1800, encontraram-se mais de 300 000 gatos mumificados.

Esta antiga estatueta egípcia de bronze com brincos de ouro era dedicada ao culto de Bast, deusa da fertilidade e do amor. Os antigos Egípcios foram os primeiros a domesticar o gato. Usado de início como caçador, passou depois a ser apreciado como animal de estimação e acabou por tornar-se objecto de culto.

DOMESTICAÇÃO

Os Gregos foram os primeiros Europeus a reconhecer o valor destes felinos como caçadores de ratos; por isso, dado que os Egípcios não vendiam os seus gatos sagrados, os Gregos roubavam-nos. Depois, a pouco e pouco, os Gregos começaram a vender os filhotes dos gatos aos parceiros de comércio tradicionais: os Romanos, os Gauleses e os Celtas.

O valor do gato para o controlo de animais daninhos continuava a ser apreciado e o homem introduziu o animal em todo o mundo civilizado, embora não sem reveses. Foi muito infeliz a decisão da Igreja condenar o gato caçador de ratos como um símbolo pagão durante a Idade Média, numa altura em que os ratos propagavam a peste que acabaria por matar milhões de pessoas em toda a Europa. A perseguição aos felinos continuou em toda a parte. A festa de S. João era celebrada anualmente com a, agora inimaginável, queima de gatos vivos nas praças públicas. Por volta de 1400, a espécie estava quase extinta.

Só depois de se ter provado que alguns estados físicos e mentais não eram causados por bruxas, é que os gatos voltaram a ser populares na Europa.

Na Idade Média, os gatos eram perseguidos como agentes de Satanás, mas felizmente esta situação mudou no século XVII, quando começaram a ser respeitados devido à sua habilidade em controlar a praga de ratos que transmitia a peste. No século XVIII, eram muito apreciados como animais de estimação entre a *intelligentsia* europeia e começaram a surgir em pinturas e na literatura. Este óleo, *Animais de Estábulo*, é de um artista anónimo inglês de meados do século XIX.

Hoje em dia, a vida é boa para a maioria dos gatos domésticos quase em todo o mundo. Ironicamente, a popularidade dos gatos de estimação tem muito a ver com a sua independência e com o facto de o lado bravio e «indomável» da sua natureza nunca estar muito longe de vir ao de cima.

COMO IDENTIFICAR OS GATOS

FORMA DO CORPO

Nas sua forma e tamanho, todas as raças de gatos domésticos conservaram a mesma estrutura básica dos seus antepassados - ao contrário dos cães, que foram selectivamente criados para produzir grandes variações de forma e de altura. Por isso, os gatos não apresentam as anormalidades ósseas que afectam os cães, embora se verifiquem por vezes alguns defeitos: caudas curtas, dobradas ou enroscadas, fendas palatinas, peitos achatados e polidactilismo (dedos a mais). De uma forma geral, contudo, a evolução parece ter sido particularmente generosa ao conceber o gato, progredindo ao longo de uma via da selecção natural tão bem ordenada que continua a ser um carnívoro eficiente e perfeito, muito capaz de caçar e matar pequenos animais e aves.

A estrutura do gato está concebida para movimentos suaves, coordenados e graciosos a qualquer velocidade. O seu corpo e patas musculosas permitem-lhe realizar impressionantes saltos e pulos. A natureza retráctil das garras afiadas permite-lhe movimentos muito rápidos em pequenas distâncias, agarrar as presas e subir rapidamente às árvores quando se sente em perigo. O seu cérebro é grande e bem desenvolvido, permitindo-lhe assimilar factos e reagir rapidamente. Os seus olhos podem adaptar-se a condições extremas de luz, dando-lhe uma visão perfeita tanto à luz de um sol brilhante como na escuridão. As orelhas móveis trabalham para captar o mais leve ruído, e o nariz sensível, aliado ao órgão perceptivo de

O esqueleto do gato de pêlo comprido ou persa é largo e forte.

As raças de pêlo curto têm um esqueleto semelhante ao do persa.

Os gatos exóticos e orientais têm um esqueleto esguio e elegante.

COMO IDENTIFICAR OS GATOS

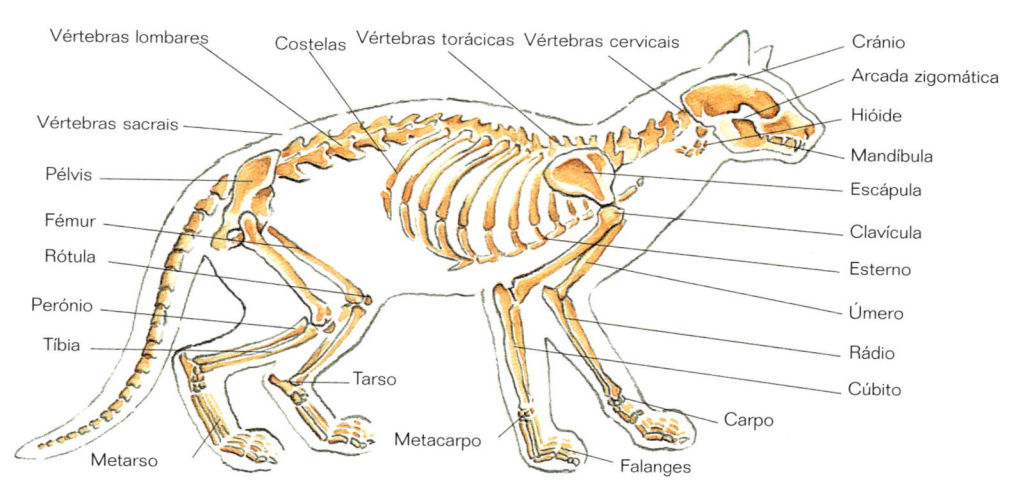

Vértebras lombares — Costelas — Vértebras torácicas — Vértebras cervicais — Crânio — Arcada zigomática — Hióide — Mandíbula — Escápula — Clavícula — Esterno — Úmero — Rádio — Cúbito — Carpo — Falanges — Metacarpo — Tarso — Tíbia — Perónio — Rótula — Fémur — Pélvis — Vértebras sacrais — Metarso

Jacobson na boca, pode identificar o mais leve odor imperceptível aos humanos.

As raças de gatos domésticos com *pedigree* foram desenvolvidas para cumprirem determinados requisitos de compleição, cor e padrão de pêlo. Isto foi feito durante muitas gerações por criadores dedicados que trabalharam para conseguir o aspecto exacto do felino que se desejava, através de uma cuidadosa criação selectiva. Actualmente, existem dois tipos principais de gato com *pedigree*: o corpulento e pesado, com cabeça grande e redonda o esguio, mais elegante, de esqueleto mais leve e cabeça alongada.

Os gatos do tipo mais pesado possuem grande variedade de cores e de padrões de pêlo, e este pode ser comprido ou curto. Entre os de pêlo comprido incluem-se os persas e

O esqueleto do gato é composto por 244 ossos com discos intervertebrais que funcionam como amortecedores.

raças similares; os de pêlo curto inclui tipos de gatos tais como o britânico, o americano, o europeu e os invulgares de pêlo curto. Os gatos mais leves têm características mais variáveis. Os orientais, incluindo os característicos siameses, com ossos mais finos, corpos, pernas e caudas alongadas, cabeça em forma de cunha e alongada e grandes orelhas, estão no extremo oposto do do tipo pesado. Menos extremos são os gatos de pêlo curto de outros países e os rex; cada variedade possui as suas características bem definidas. Algumas raças surgiram de misturas entre os tipos pesado e leve; tais raças têm características intermédias.

CABEÇAS E OLHOS

A maioria das raças felinas de esqueleto forte, tal como o do persa e o do pêlo curto, possui cabeças grandes e arredondadas, com olhos grandes e redondos bem separados por cima de um pequeno nariz achatado numa cara larga. As orelhas são pequenas mas têm uma base larga, e estão bem afastadas na cabeça, completando o aspecto arredondado do crânio.

A cabeça do pêlo comprido ou persa é caracteristicamente arredondada, com olhos redondos e bochechas grandes. As pequenas orelhas estão bem afastadas.

A cabeça do pêlo curto só se parece com a do persa quando vista de frente.

Os gatos exóticos e orientais têm cabeça alongada e estreita e orelhas grandes. A forma da cabeça varia em cada raça.

De perfil, a cabeça do persa é bastante achatada. O pequeno nariz também achatado apresenta uma acentuada quebra ao nível dos olhos.

COMO IDENTIFICAR OS GATOS

Os gatos com esqueleto esguio, tal como os orientais e os exóticos de pêlo curto, têm cabeças alongadas com várias formas distintas, e o feitio do olho varia para cada raça específica.

Os gatos de pêlo comprido e de ossatura esguia possuem várias formas de cabeça e de olhos, de acordo com os requisitos estabelecidos pelas respectivas associações de criadores.

O perfil da típica raça de pêlo curto com o seu nariz curto e largo, é menos achatado do que o do persa.

Os gatos orientais têm nariz alongado, quase do tipo do russo, sem quebra ao nível dos olhos, e frontal achatado.

OLHOS

Os gatos de pêlo comprido ou persas, bem como a maioria das raças de pêlo curto, têm olhos grandes, redondos e brilhantes.

Alguns padrões de raça exigem olhos ovais ou amendoados, por vezes direccionados para a borda externa dos ouvidos.

Os siameses e raças similares têm olhos com configuração oriental, oblíquos em relação à borda exterior dos ouvidos.

TIPOS E CORES DE PÊLO

Os gatos com *pedigree* apresentam variações no tipo de pêlo, desde o espesso e abundante do persa até aos lustrosos pêlos finos e curtos dos siameses e orientais. Entre os dois extremos estão os pêlos compridos, macios e sedosos das raças exóticas, e os pêlos espessos e densos de algumas variedades de pêlo curto. Algumas raças devem ter duas camadas de pêlo, com o subpêlo espesso e lanoso, e pêlo exterior mais comprido e lustroso. O rex da Cornualha não tem pêlos de protecção, e ambas as camadas apresentam pêlo encaracolado. O rex de Devon tem o pêlo de protecção modificado tanto no exterior como no interior, produzindo um efeito impressionável. O gato esfinge está no extremo da gama de tipos de pelagem, pois o seu corpo só está coberto com uma fina pelagem em algumas partes.

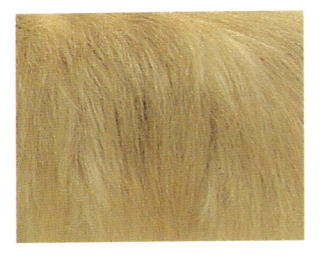

Persa
Pêlo comprido e macio com pelagem interior profusa quase tão comprida como os pêlos de protecção, produzindo uma característica camada comprida e espessa.

Maine Coon
Pêlo comprido e sedoso, mais forte e menos uniforme do que o do persa, por causa dos pêlos interiores menos uniformes e menos densos.

Pêlo curto
As pelagens dos pêlos curtos são muito variáveis, e vão das das raças britânicas e americanas até às dos exóticos.

Esfinge
Aparentemente sem pêlo, o esfinge tem uma leve cobertura de pelagem em algumas áreas.

Rex da Cornualha
A pelagem encaracolada e cerrada do rex da Cornualha é provocada pela ausência de pêlos de protecção e pêlos interiores curtos.

COMO IDENTIFICAR OS GATOS

Rex de Devon
Nesta raça, os pêlos de protecção, geneticamente modificados, assemelham-se muito aos pêlos interiores.

Americano pêlo duro
Diferentemente dos dois rex, o americano pêlo duro tem pêlo exterior frisado e pêlo de protecção ondulado.

Oriental
Nos siameses e nos orientais o pêlo é curto, fino e denso, bastante diferente do dos outros gatos.

A cor natural do gato doméstico é o cambiante. O tipo bravio tem riscas cambiantes; os padrões de cambiantes são: o riscado, o listrado, o malhado e o clássico (marmoreado ou manchado). O pigmento de melanina produz pêlos pretos, e a maioria das pelagens de cor uniforme que se vêem nos gatos é produzida pela modificação deste pigmento ou pela maneira como está distribuído em cada fibra do pêlo.

Sólidas
O termo «sólida» refere-se à cor e não à compleição. As raças com cores uniformes ou sólidas devem apresentar uma única cor em todo o corpo, sem padrões, sombreados, riscas ou qualquer variação. As cores sólidas mais comuns cobrem uma larga gama na qual se incluem o preto, o azul, o chocolate, o lilás, o vermelho, o creme, canela e o branco.

Preto

Azul

Chocolate

Lilás

Vermelho

Creme

Canela

Branco

COMO IDENTIFICAR OS GATOS

Marcas cambiantes
Existem quatro variedades de padrões de cambiantes: riscado, listrado, malhado e clássico. Cada um destes padrões pode existir em qualquer das cores cambiantes.

Cores cambiantes
O cambiante pode encontrar-se numa larga variedade de cores: castanho, azul, chocolate, castanho mosqueado, azul mosqueado, vermelho e prateado.

Riscado 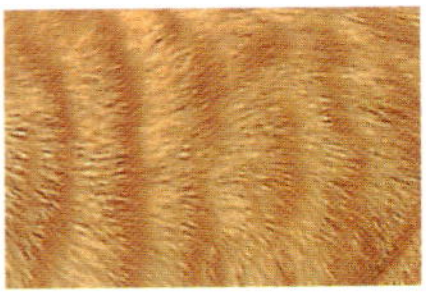 — **Listrado**  — **Malhado**  — **Clássico**

Castanho  — **Azul**  — **Chocolate**

Castanho mosqueado  — **Azul mosqueado**  — **Vermelho** 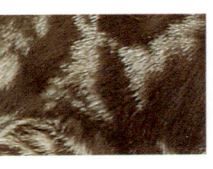 — **Prateado**

Abexim
Os gatos abexins (abissínios) possuem o pêlo ligeiramente sombreado, porque cada pêlo é mais claro na raiz e mais escuro na ponta.

Vulgar  — **Azul**  — **Canela**  — **Fulvo**

COMO IDENTIFICAR OS GATOS

Pontas coloridas

As pelagens com pêlos que começam a escurecer (esfumar) gradualmente a partir da raiz abarcam muitas cores, incluindo o preto, o azul, o chocolate e o lilás.

Preto esfumado  | **Azul esfumado**  | **Chocolate esfumado**  | **Lilás esfumado**

Chinchila prateado  | **Chinchila dourado**  | **Prateado de pontas negras**  | **Prateado de pontas azuis**

Himalaiano

Os gatos com o padrão himalaiano de pelagem, como o siamês, possuem pêlo claro, com a cor principal restringida à cabeça e às extremidades (pontas).

Ponta foca  | **Ponta azul**  | **Ponta vermelha**  | **Ponta creme**

Ponta lilás  | **Ponta chocolate**  | **Ponta foca cambiante**  | **Ponta vermelha cambiante**

Tonquinês

Os gatos tonquineses, que são birmaneses mais claros, apresentam um efeito modificado nas extremidades. A pelagem é mais escura do que a dos gatos com a verdadeira coloração himalaiana, por isso as pontas não têm um contraste tão grande.

Castanho

Lilás

Chocolate

Vermelho

Creme

Lilás sombreado

Azul sombreado

Cambiante

COMO IDENTIFICAR OS GATOS

Como qualquer apreciador sabe, há gatos com pelagens de muitas cores para além daquelas já descritas, e a maioria destas é reconhecida em exposições numa ou noutra raça. A pelagem cor tartaruga é a mais comum, mas existem inúmeras outras, incluindo o invulgar padrão *mi-ke* do rabão japonês.

Tartaruga

Chocolate tartaruga

Lilás tartaruga

Azul tartaruga

Tartaruga e branco

Azul tartaruga e branco

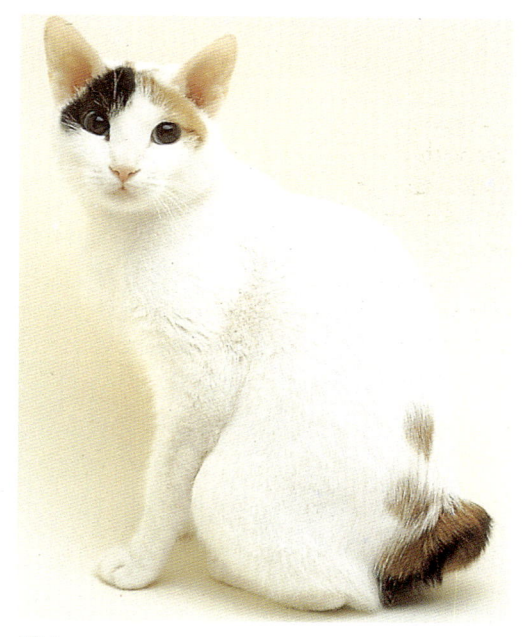

Mi-ke

COMPORTAMENTO

Os gatos são normalmente considerados menos inteligentes do que os cães, talvez por não responderem ao treino de sentar quando lhes é ordenado e por raramente fazerem habilidades.

É discutível que o desempenho de acções invulgares seja necessariamente revelador de elevado coeficiente de inteligência, e pode ser que o gato esteja melhor equipado para canalizar o seu poder cerebral para um comportamento diferente, como técnicas de sobrevivência e de adaptação ambiental. E não poderão os gatos ser considerados mais inteligentes do que os cães quando se analisa a razão subjacente à realização de habilidades ou obediência a ordens?

Os gatinhos começam a manifestar um comportamento predatório com cerca de seis semanas de idade. No estado bravio, a mãe gata caça para os seus filhotes. Numa situação doméstica, ela leva pequenos pedaços de carne para a maternidade, emitindo um som especial para encorajar e chamar a atenção dos gatinhos. A mãe gata normalmente bate com a pata na carne, ensinando os filhotes a apanhá-la. Neste estádio de desenvolvimento, os filhotes começam a praticar movimentos de caçador, escondendo-se, saltando e simulando ataques aos seus irmãos. A mãe abana a cauda, incitando os gatitos a saltarem para a apanhar.

Os gatos adultos preferem caçar sozinhos dentro dos limites do seu território. Alguns gatos percorrem longas distâncias para visitar os seus terrenos de caça favoritos e, muitas vezes, gatos da mesma família aprendem a caçar juntos. A sua audição apurada e

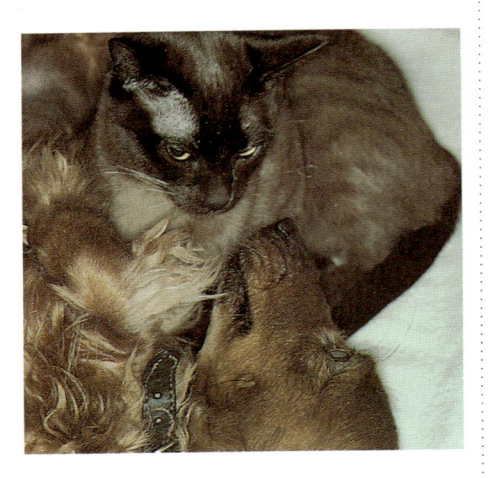

Embora cães e gatos se dêem bem como animais de estimação, por vezes, é difícil compreenderem a linguagem corporal e as brincadeiras de uns e outros.

COMPORTAMENTO

excelente visão no escuro permite-lhes ser caçadores eficientes e silenciosos. Normalmente, o gato esconde-se, esperando com uma infinita paciência que a presa saia do seu refúgio. Ataca com um salto rápido, apanhando-a com as garras e matando-a com uma dentada no pescoço. Os gatos com fome devoram a presa, mas os bem alimentados, estimulados pela excitação da luta e da captura, costumam brincar com a presa durante algum tempo antes de a matar. Brincar com a presa dá aos gatos a oportunidade de praticarem as técnicas de caça.

Apesar de séculos de domesticação, a maioria dos gatos caçará se lhes for dada a oportunidade. Se tiver gatos sempre em casa, deve compensá-los pela perda das oportunidades de caçar dando-lhes muitos brinquedos e encorajando-os a perseguir, saltar e apanhar. Este estímulo e o exercício conserva-os saudáveis, evita que fiquem demasiado gordos e pode ajudar a garantir a sobrevivência no caso de se perderem.

Durante a sua vida, o comportamento do gato é governado pelos padrões inatos herdados dos seus antepassados. Aqui podemos ver um gato birmanês a caçar (abaixo, à esquerda), um persa brincando a matar uma presa (esquerda) e um par de gatinhos orientais a brincar à luta (abaixo).

COMPORTAMENTO

HIGIENE PRÓPRIA

É fácil ver por que razão os gatos têm a fama de ser limpos – passam mais de um terço do tempo em que estão acordados a limpar-se. Para facilitar esta tarefa, podem chegar com a língua áspera a quase qualquer parte do corpo. As patas dianteiras e os dentes também são usados como instrumentos de limpeza.

O lamber não serve apenas para limpar o pêlo; também ajuda a conservá-lo macio e lustroso, a remover pêlos soltos e mortos assim como resíduos e parasitas, tonifica os músculos e estimula a circulação sanguínea.

O lamber também tem uma função nutritiva. Fornece vitamina D, que é produzida no pêlo pela luz do sol e, no tempo quente, a saliva agarrada ao pêlo realiza a mesma função que o suor, controlando a temperatura do corpo através da evaporação. Isto explica por que razão os gatos se lambem mais no tempo quente e depois de brincar, caçar ou qualquer outra actividade. Também se lambem quando estão ansiosos, pois isso ajuda-os a aliviar a tensão e relaxa-os.

Por vezes, os gatos lambem-se mutuamente – forma prática de chegar aos locais inacessíveis, como as orelhas. O lamber mútuo é sinal de boa relação entre gatos que partilham o mesmo território.

COMPORTAMENTO

Quando o gato se lambe, o pêlo é naturalmente ingerido, mas a prática excessiva desta actividade provoca uma mistura dos pêlos com muco, resultando numa massa que obstrui os intestinos e interfere nas funções digestivas. Muitos regurgitam espontaneamente estas massas de pêlo (comer erva ajuda). Se o seu gato não o fizer, deve comprar-lhe um remédio para eliminar bolas de pêlo ou dar-lhe um medicamento que a amoleça e permita a sua excreção.

No outro extremo, alguns gatos manifestam pouco interesse pela higiene. Neste caso, se o gato não se lamber nem mesmo depois do contacto com pó, sujidade ou restos de plantas, tente espalhar alguma manteiga pelo pêlo. Se ainda não resultar, o gato precisará de maior atenção e de cuidados.

As mães gatas são boas professoras, e o lamber é uma das primeiras actividades que os filhotes aprendem. O laço entre eles é reforçado durante as sessões de higiene e parece que proporciona prazer mútuo.

O lamber mútuo também é normal em gatos saudáveis. Continua a ser praticado desde os dias em que a mãe lambia os filhotes, reforçando a relação com eles e mostrando-lhes como se lamber mutuamente, em especial nas zonas de difícil acesso, tais como as orelhas.

Embora o acto de se lamber seja saudável, alguns gatos praticam-no em excesso, causando problemas como a inflamação da pele, a perda de pêlo ou a formação de bolas de pêlo no estômago.

Os gatos são muito minuciosos na limpeza e passam longos períodos diários a lamber-se. Os seus pescoços e ombros extremamente flexíveis, permitem-lhe chegar a quase todo o corpo com a língua e com os dentes.

COMPORTAMENTO

TERRITÓRIO

A extensão do território de um gato depende da sua posição hierárquica. Uma gata com filhotes (à direita na figura) tem um território pequeno, que defende de forma feroz. Um macho (esquerda) terá talvez as maiores áreas. Todos os gatos evitam jardins com cães, mas algumas áreas (p. ex., os caminhos) podem ser comuns.

Os gatos estabelecem territórios pelas mesmas razões que os homens constroem ou compram casas – para ter um lugar seguro onde dormir, comer, defecar e brincar. Tal como os humanos, são naturalmente territoriais. Até os gatos domésticos, que nunca saem, têm os seus lugares favoritos na casa, nem que seja apenas uma divisão ou parte de uma cadeira.

Os gatos usam marcas de odor para assinalarem os limites territoriais e deixarem informação para os outros acerca do estatuto, sexo e rota do depositante. Os machos borrifam os seus limites com urina. Marcas mais subtis são feitas roçando o queixo, testa e cauda contra portas, árvores e vedações; esta acção deposita odor segregado pelas glândulas sebáceas.

MARCAS TERRITORIAIS

Os gatos identificam as suas propriedades e lugares através de marcas de odor. Para isso, empregam várias glândulas. As glândulas odoríferas na cabeça, chamadas glândulas temporais, situam-se por cima dos olhos em cada um dos lados do frontal, e as glândulas periorais encontram-se nos lábios: ambas as glândulas são usadas para marcar quando o gato esfrega a sua cabeça num amigo ou num objecto escolhido – é um comportamento que parece proporcionar um prazer extremo ao gato. Alguns gatos, normalmente machos adultos, marcam os limites dos seus territórios com urina. Roçar com a cabeça serve mais para identificar objectos do que para marcar território. Um outro comportamento é usado para marcar com arranhadelas os limites do território depois de o fazer com urina.

Idealmente, o território de um gato inclui um ponto elevado a partir do qual pode vigiar tudo o que se passa. O macho dominante não tolera a concorrência de outros gatos no seu território.

Quando vários gatos vivem na mesma casa, os territórios confundem-se até que todos os residentes reclamam a casa como espaço comum e defendem-no em conjunto contra outros. Se o seu gato não estiver fechado em casa, também terá um território e uma posição social adequada no exterior. Sem querer, em certos casos, os humanos ajudaram os gatos a escolher territórios. Vedações, passeios, garagens, jardins e arbustos estabelecem limites que podem ser usados se existirem muitos gatos na zona. Por vezes, os humanos auxiliam no estabelecimento de limites ao perseguirem outros gatos ou acabando com brigas.

Os gatos marcam os seus territórios arranhando e depositando odores através da urina e fezes ou através das glândulas dos seus corpos. Os territórios podem chegar a ter mais de 40 hectares para os gatos rurais, e apenas alguns metros para os gatos domésticos

COMPORTAMENTO

ou urbanos. Em casas com mais de um gato, os territórios são por vezes partilhados – de manhã é ocupado por um, e à tarde por outro.

Os gatos organizam-se em hierarquias familiares, na qual cada um tem uma posição e segue determinadas regras. Os novos gatos da vizinhança têm de lutar para ser aceites e ganhar território. Os machos hierarquizam-se pela força, e o mais forte torna-se no chefe da «família», com poder sobre todos os membros dos níveis inferiores. Podem ocorrer mudanças ocasionais de posição quando um membro é destronado ou castrado. Embora os machos governem a maior área de território, não têm prioridade na corte. Aquilo que lhes confere a chefia é a propriedade, não o sexo.

As fêmeas organizam-se de acordo com os seus talentos maternos. A gata com mais filhotes é a mãe de topo. Quando as fêmeas são esterilizadas, descem na escala social. As fêmeas e os machos esterilizados possuem apenas pequenas áreas e lutam mais do que os grandes machos para conservar as suas ilhotas. Os gatos que possuem grandes áreas não são tão possessivos porque têm demasiado território e não têm tempo para protegê-lo na totalidade. Mas quando decidem lutar, normalmente ganham.

Além dos territórios privados, existem lugares comuns para socializar, acasalar, caçar ou qualquer outra actividade. Para chegar a estes locais, os gatos têm de seguir determinados trilhos para não violarem outros territórios ou provocarem inimigos (como os cães). Alguns caminhos são privados, mas a maioria é comum, como as estradas dos homens.

OBSERVE O SEU GATO

Pode pensar que o seu gato não possui um território, mas, de alguma maneira, todos os gatos o têm. Siga-o até ao jardim. Observe para onde vai, para onde olha, o que marca e como reage a outras criaturas nas proximidades. Note onde pára e que caminhos toma para chegar ao seu destino. Observe também se existe algum caminho comum no qual se encontre com outros gatos e que tipo de posição social parece ter como membro do grupo. Faça isto durante várias dias, pois o gato pode não conseguir cobrir todo o seu território num só dia.

CUIDAR DO SEU GATO

Manter o seu gato saudável é apenas uma questão de bom senso e de apropriada economia.

Em primeiro lugar, o gato precisa de ter sido tratado adequadamente enquanto gatinho e deve ser regularmente vacinado contra as doenças felinas mais perigosas como a *panleucopénia* ou *enterite infecciosa*, a *rinotraqueíte* e a *calicivirose*, conhecida por *gripe de gato*, e o *vírus da leucemia felina*. Todos devem ser alimentados com dieta bem equilibrada e receber anti-helmínticos para garantir que estejam livres de parasitas internos. Os parasitas externos, como as pulgas, devem ser controlados com a aplicação de pós ou *sprays* quando necessário, ou com coleira ou produto para quebrar o ciclo reprodutivo de pulgas. A caixa de areia do gato deve estar sempre limpa, tal como os seus recipientes de comida e de água. Se receber estes cuidados, e muito amor e atenção, conservar-se-á sempre de boa saúde.

Encontrar o tipo certo de areia e de caixa para dejectos adequada ao seu gato será sempre uma questão de tentativas. Aqui mostra-se uma caixa fechada tipo contentor (1), uma pá (2), uma caixa para dejectos (3), e um saco de areia (4). Deve retirar sempre a areia suja o mais depressa possível, pois os gatos não gostam de usar areia conspurcada. Use sempre luvas para esta tarefa.

ESCOLHER UM GATO

O comportamento de um gato doméstico é influenciado pelo seu sexo, principalmente se o animal não for esterilizado. Ao passo que as fêmeas entram e saem de casa para encontrar um parceiro quando estão prontas para engravidar, os machos adultos urinam frequentemente pela casa para marcar o território. Por isso, a esterilização é recomendável, não só para prevenir o nascimento de eventuais filhotes, mas também para evitar este tipo de comportamento indesejável. Alguns donos afirmam que as fêmeas são mais carinhosas e caseiras do que os machos, mas após a esterilização há muito pouca diferença de temperamento entre eles.

A escolha entre um gatinho ou uma gatinha não é muito importante, a não ser que esteja interessado em fazer criação. Neste caso convém optar pela gatinha. Na altura devida, é relativamente fácil acasalar a sua gata com um macho para criação, pagando uma determinada importância.

É claro que, se estiver a par do assunto ao assistir a competições e ao ler a imprensa especializada, deve conhecer as raças que são normalmente vencedoras. A sua própria gata pode já ter vencido competições, mas, se quiser melhorar as suas características nos gatinhos resultantes, deve fazer um balanço sério e imparcial dos seus pontos fortes e pontos fracos.

Se, por exemplo, notar que a sua coloração é um pouco fraca, é conveniente procurar um macho com cor muito forte. Desta forma, algumas das crias podem apresentar um melhoria na cor relativamente à mãe. Embora não seja garantido, é bastante provável que este método provoque uma melhoria geral da qualidade dos seus gatos.

A escolha é difícil quando se é confrontado com uma ninhada encantadora, como a destes somalis com seis semanas e com o pêlo ainda pouco desenvolvido.

DESCOBRIR O SEXO

Descobrir o sexo dos filhotes não é tão fácil como fazê-lo em relação aos gatos adultos, porque os seus genitais são menos nítidos. Se tiver dúvidas, é útil comparar entre si os filhotes da mesma ninhada. É mais fácil descobrir o sexo quando tiverem cerca de um mês de idade.

Um macho não tem o pénis à mostra. Tal como a fêmea, possui dois orifícios por baixo da base da cauda. O superior é o ânus, mas a distância entre eles é maior do que na fêmea. O orifício do pénis também costuma ter uma forma mais arredondada, ao passo que a abertura vulvar se parece com um corte na vertical. Se ainda tiver dúvidas, o pénis ficará visível se pressionar ligeiramente os lados do orifício do macho. O pénis do gato é bastante invulgar porque está coberto por pequenas espículas que se elevam durante o acasalamento.

Os testículos tornam-se visíveis por volta das quatro semanas de idade, à medida que aumenta a distância entre o orifício do ânus e o do pénis. Antes disso, os testículos descem do abdómen, onde se desenvolveram, embora não sejam visíveis no escroto.

À medida que o gato amadurece, torna-se mais fácil, particularmente em certas raças, descobrir o sexo, bastando para isso olhar. Os machos de pêlo curto, por exemplo, desenvolvem protuberâncias muito visíveis nas faces, conhecidas como bochechas, que não aparecem nas fêmeas. Como em muitos dos gatos bravos, também costumam ser ligeiramente maiores do que as fêmeas.

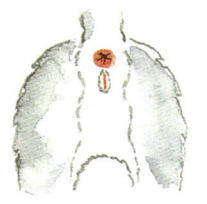

Gatinha. Note-se a proximidade entre o orifício anal e o genital.

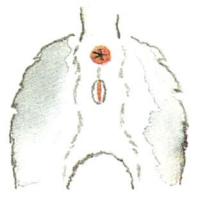

Gata. Aspecto semelhante, mas o espaço é ligeiramente maior.

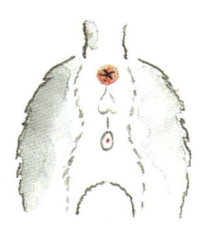

Gatinho. Maior distância do que na gatinha, embora os testículos ainda não tenham descido.

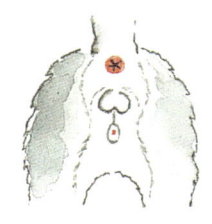

Gato. Testículos claramente visíveis no escroto.

ALIMENTAÇÃO

Todos os gatos são caçadores activos, mais do que comedores de cadáveres. Apanham uma grande variedade de presas, dependendo das suas dimensões e do meio ambiente em que vivem. A dieta do gato bravo varia de acordo com o tipo de animais que partilham o seu extenso território, mas centra-se, sobretudo, em roedores e pássaros de várias espécies. As espécies maiores, como os leões e os tigres, caçam presas maiores; os tigres perseguem grandes herbívoros, como o veado e, por vezes, até gado.

Os gatos são oportunistas e tendem a comer tudo o que puderem apanhar, que pode ir de pequenos insectos até tartarugas. O peixe também é uma parte importante da dieta de muitas espécies. Por isso, raramente um gato doméstico não estará disposto a comer comida preparada. Contudo, existem alguns gatos muito esquisitos com a comida e, se a sua dieta for subitamente alterada, preferem deixar-se morrer à fome do que consumir outro alimento igualmente nutritivo. Da mesma forma, se a comida estiver estragada, é muito provável que o gato a ignore.

Todos os gatos confiam no faro para determinar se devem ou não comer determinado alimento. Cheiram-no com cuidado antes de resolverem prová-lo. No caso de um gato que sofra de algum problema respiratório, pode ser muito difícil convencê-lo a comer, porque o seu olfacto está embotado.

Comida fresca

Embora muitos donos adoptem comida de gato preparada ou enlatada, alguns preferem dar-lhes alimentos frescos. Estes devem ser cozinhados e arrefecidos antes de serem dados ao gato. Pulmões, fígado e outros órgãos são normalmente usados como comida de gato, mas, por si só, são inadequados em termos nutritivos.
Os gatos bravos comem a sua presa por inteiro, mas o gato doméstico alimentado com órgãos não tem acesso aos ossos, que contêm a maior parte das reservas de cálcio do corpo.

Um gato tanto pode caçar uma ave como um roedor. O instinto de caçador do gato doméstico continua a ser fortes, mas podem ter problemas para matar as suas presas.

CUIDAR DO SEU GATO

Como consequência, o gato desenvolverá ossos fracos; isto aplica-se especialmente aos gatinhos, que crescem muito depressa. Não é apenas essa falta que é má. Uma dieta com demasiado fígado leva ao excesso de vitamina A, que pode provocar anormalidades no esqueleto e a fusão dos ossos dos ombros, que é muito dolorosa para o gato.

Embora se possa usar alimentos frescos, em particular para despertar o apetite do gato doente, é importante misturar nestes alimentos um suplemento adequado de vitaminas e minerais. Esta dieta deve ser aconselhada por um veterinário, se pretender dá-la ao seu gato durante largo período de tempo.

Embora exista uma crença popular que diz que dar vísceras aos gatos domésticos torna-os agressivos, isso não corresponde à verdade. Mas existe o risco – especialmente com a grande quantidade de animais processados nas modernas fábricas de carne – de a carne poder estar contaminada com bactérias potencialmente nocivas, como a salmonela. Por isso, o seu gato pode ficar doente ou contrair parasitas. Portanto, como medida de precaução, é recomendável cozinhar todos os alimentos. O risco deste tipo de infecção é muito menor nos gatos bravos pelo simples facto de matarem e comerem um único animal de cada vez, eliminando assim o risco de cruzar infecções.

Os gatos podem levar a sua presa para lugares distantes do sítio onde a apanharam. Trata-se de uma tentativa instintiva para evitar que outros predadores a apanhem.

Os felinos comem o animal todo, no caso de presas pequenas, de maneira que beneficiam das reservas de cálcio existentes nos ossos.

A escolha de alimentos

A disponibilidade dos alimentos já cozinhados, que contêm todos os nutrientes essenciais de que o gato precisa, é uma das maiores causas do aumento da popularidade dos gatos como animais de estimação. Os fabricantes de comida para animais de estimação investiram fortunas para determinar as fórmulas correctas dos seus produtos, tanto que hoje em dia existem dietas para várias idades, que preenchem as necessidades dos gatinhos e dos gatos. Mesmo assim, a habitual comida é ainda bastante usada e não tem qualquer efeito adverso para a saúde dos gatos.

A comida enlatada continua a ser a preferida da maioria dos gatos, embora este tipo de comida seja menos adequado do que os alimentos secos ou semi-húmidos, e as latas sejam pesadas e volumosas para arrumar. A comida enlatada parece ser preferida pelos gatos porque se assemelha mais com as suas presas naturais. Este tipo de comida tem uma percentagem muito maior de água, que muitas vezes chega até 75 por cento, comparada com a comida seca, que fornece uma fonte de nutrientes mais concentrada.

Os hábitos alimentares dos gatos são normalmente estabelecidos muito cedo, por isso é uma boa ideia oferecer-lhes uma larga gama de alimentos quando ainda são pequenos. Com alguma sorte, mais tarde, o seu gato será menos esquisito com a comida.

Os alimentos secos costumam ter apenas 10 por cento de água. Actualmente, têm má fama em alguns países devido às ligações destes tipo de comida com a doença conhecida por síndroma urológico felino (SUF). Nos gatos afectados por este problema (mais os machos do que as fêmeas), a urina torna-se relativamente concentrada e formam-se cristais na bexiga. Estes passam depois para a uretra, que liga a bexiga ao exterior. O resultado é a obstrução dolorosa e o impedimento do fluxo da urina. Deve recorrer-se rapidamente ao tratamento

Os gatos domésticos comem facilmente alimentos preparados, mas, como as suas preferências alimentares são estabelecidas quando ainda muito novos, pode ser difícil levá-los a mudar, por exemplo, de comida enlatada para uma dieta seca. Em muitos casos, os gatos preferem passar fome a comer comida que lhes seja estranha.

veterinário para remover a obstrução, de outro modo, a condição do gato pode piorar.

Actualmente, aumentou-se o nível de sal dos alimentos secos para encorajar os gatos a beber mais líquidos, reduzindo assim as probabilidades de sofrerem da SUF. Além disso, o nível de magnésio, que se suspeita ser o principal causador destes cristais, foi significativamente reduzido. De facto, agora é mais baixo nos alimentos secos do que em muitos outros alimentos de gato, tais como a sardinha.

Há muitas vantagens em usar comida seca. Desde logo, os dentes e as gengivas do gato acumulam menos tártaro. A comida seca também não atrai tanto as moscas como a comida enlatada ou fresca – uma vantagem importante quando o tempo está quente. Também é muito mais fácil de armazenar, pois um saco ou uma caixa aberta não precisa de ser refrigerada.

Este tipo de alimento é, pois, ideal para ser comido «quando se quiser», porque pode ser deixado no prato durante todo o dia sem o risco de se degradar, desde que se mantenha seco. É ideal para pessoas que vivem sozinhas, pois ficam com a certeza de que o gato terá comida à disposição mesmo se o dono chegar

É fundamental lavar o recipiente de comida após cada refeição, quer dê ao gato comida seca (1), comida enlatada com gelatina (2) ou comida semi-húmida (3). Os gatos são esquisitos e só comem alimentos recentemente servidos. Lave o prato do gato em separado dos pratos da família e seque-o antes de voltar a enchê-lo, principalmente se lhe der comida seca.

tarde a casa. Ao contrário dos cães, os gatos raramente comem em excesso quando têm livre acesso à comida. Devido à sua lenta digestão, que tende a abrandar o esvaziamento do estômago, o apetite do gato é rapidamente satisfeito. O outro tipo de alimento preparado é a comida semi-húmida, que combina as características dos alimentos enlatados e dos secos. Este alimento é relativamente leve e apresenta-se em invólucros. Tal como o nome sugere, tem uma textura mais húmida do que os alimentos secos. A sua percentagem de água é em geral cerca de 35 por cento e contém aditivos para que não seque ou se torne bolorento. Mas, atenção: muitos dos alimentos semi-húmidos contêm bastante açúcar.

CUIDAR DO PÊLO

Muitos gatos não precisam de ser penteados ou escovados, contudo, esta acção deve fazer parte da sua relação com eles. Dá oportunidade para lhe verificar a saúde, e este agradecer-lhe-á se precisar de ajuda.

Deve ser penteado e escovado no exterior, pois assim a sujidade, pêlos e pulgas ficam fora de casa. Os melhores locais para isso são a varanda, a casa de banho ou a arrecadação. Dentro de casa, ponha o gato em cima de papel ou de plástico.

Inspeccione orelhas, olhos e unhas: limpe as orelhas com algodão humedecido em azeite, e a zona dos olhos com algodão e água. Examine os dentes todas as semanas para evitar que o tártaro se acumule. Examine e apare as unhas.

Os gatos bravos de pêlo comprido mudam de pêlo na Primavera, mas os gatos domésticos, mantidos num ambiente artificial e aquecido, mudam durante todo o ano, por isso precisam de ser escovados diariamente (duas sessões de 15-30 minutos), de outro modo, o pêlo fica emaranhado.

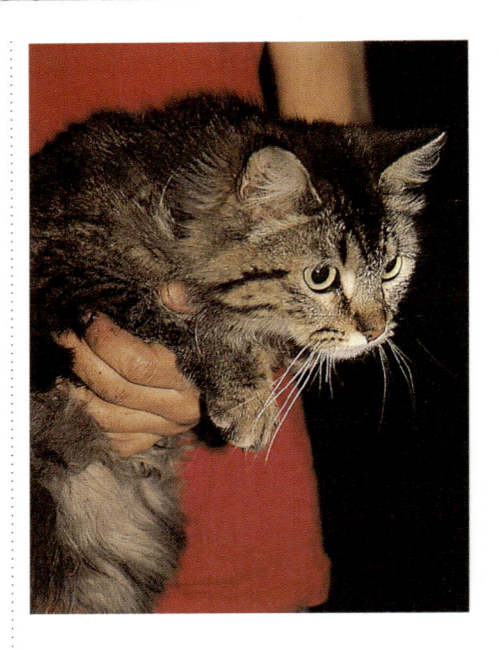

Agarrado de forma correcta, o gato sente-se seguro nos braços dos humanos.

Os gatos de pêlo curto devem ser escovados e penteados com um pente fino de metal (1), da cabeça até à cauda. Uma escova de borracha (2) não arranha a pele. Se quiser, use uma escova macia (3). Antes de uma exibição, deve-se «polir» o pêlo com um pano de seda, de veludo ou de camurça para lhe dar brilho (4).

CUIDAR DO SEU GATO

Equipamento para cuidar do pêlo do gato: escova de polir (1); escova rija e de arame para caudas peludas (2); pente de dentes finos e largos para o pêlo (3); escova de dentes para limpar a cara (4).

Os gatos de pêlo curto não precisam de ser escovados todos os dias; os pêlos são mais fáceis de cuidar e as suas línguas ajudam-nos a cumprir essa tarefa. Duas sessões semanais de meia hora são suficientes.

Se existirem pêlos emaranhados, comece por estes com um pente de dentes largos. Entre outros instrumentos, incluem-se um pente de dentes finos para desalojar as pulgas e uma escova de borracha para remover pêlos soltos.

Para pêlos oleosos, utilize pó de talco ou compre um produto de limpeza a seco e escove-o de seguida. O pêlo pode ser polido com seda, veludo ou camurça.

Se o pêlo estiver muito sujo ou oleoso, deve dar-lhe banho. É provável que ele não goste de água, por isso dê-lhe muito carinho e atenção para que o banho não se transforme numa batalha. Evite correntes de ar. Coloque uma base de borracha na banheira para ele não escorregar.

Encha a banheira com 5 ou 10 centímetros de água morna e use um vaporizador para molhar o gato. A temperatura da água deve ser próxima da do corpo, 38,5º C. Lave-o com champô de gato não tóxico e retire a espuma com água morna. Seque-o com a toalha ou secador. Evite correntes de ar até ele estar seco e escove-o suavemente.

À esquerda: para escovar gatos de pêlo comprido, use um pente de dentes largos (1) para remover resíduos e pêlos soltos. Deite pó de talco ou pó de argila (2) no pêlo para lhe dar volume. Escove o pó imediatamente. Use uma escova dura (3) para remover pêlos soltos, dando particular atenção à parte traseira. Escove suavemente a com uma escova de dentes (4). Passe com um pente de dentes largos por todo o pêlo, de baixo para cima e afofe o colar de pêlo. Para gatos de exibição, utilize na cauda uma escova de polir.

DOENÇAS

Durante a própria limpeza, coçar com as patas traseiras ajuda a retirar parasitas do pêlo.

Antes de levar o seu gato para casa, ele terá de estar vacinado contra algumas das doenças virais mais correntes a que os gatos estão sujeitos: leucopénia felina, infecções respiratórias e raiva. O gato deve ter mais de 8–12 semanas e estar desparasitado, antes de ser vacinado. Estas vacinas precisam de ser reforçadas anualmente, o que deve ser feito no momento da visita anual ao veterinário.

Os gatos estão igualmente sujeitos a outras doenças, moléstias e parasitas, algumas das quais também afectam os humanos. Pulgas, carraças, ácaros, piolhos ou larvas constituem os principais parasitas externos a ter em conta quando o gato é escovado. Certos insectos nocivos também transmitem doenças.

Entre os parasitas internos inclui-se uma grande variedade de lombrigas e de organismos unicelulares. O protozoário *Toxoplasma gondaii*, que se encontra nas fezes do gato, é particularmente nocivo pois pode transmitir-se aos humanos. As mulheres grávidas não devem lidar com as fezes. Aconselha-se a desparasitação regular para prevenir estes problemas, que por vezes começam a manifestar-se como diarreia.

Quase todas as partes do corpo do gato podem ser afectadas por alguma doença: a pele por tinha, dermatites e úlceras; o aparelho digestivo por enterites, peritonites, doenças do fígado e do pâncreas; boca e dentes por estomatites; problemas respiratórios; problemas nos olhos, tais como conjuntivites; otites; doenças renais; o sistema circulatório pode ser afectado por anemia, filaríase e leucemia.

Preocupe-se com a saúde do seu gato especialmente se ele vomitar, desmaiar, tiver diarreia, problemas de respiração, sangrar ou apresentar pupilas dilatadas. A perda de apetite só se torna um problema sério se durar mais de 24 horas.

Durante as sessões de limpeza e através do contacto diário com o seu gato, deve estar atento a sinais de doença mais subtis, tais como apatia, espirros, tosse, vista enevoada, pálpebras fechadas, odor bocal, dor, prisão de ventre, urina frequente, traques e alteração de hábitos.

Os gatos começam a manifestar sinais de velhice após os 10 anos de idade, que correspondem a cerca de 60 anos da vida humana (em termos humanos, os gatos atingem os 18 anos ao fim de um ano de idade). A esperança de vida de um gato é de 15 anos. Embora não possam ter nove vidas, podem pelo menos ter uma vida longa e saudável se receberem os cuidados e as atenções de que precisam.

IDENTIFICADOR DE GATOS

Neste livro abordamos cinco raças principais: pêlo comprido, pêlo semi-comprido, pêlo curto, exótico de pêlo curto e orientais. Por sua vez, estas secções dividem-se em variedades dentro das raças, como o cara de pequinês (de pêlo comprido) e o esfumado (de pêlo comprido). As variedades de pêlo liso e sólido são referidas como «de cor uniforme», enquanto as variedades com padrões são chamadas de «não uniformes». Cada gato é acompanhado por uma fotografia colorida para mais fácil referência e por símbolos que indicam os cuidados a ter.

Chave dos símbolos

Escovagem   **Espaço**

Cada variedade de gato é acompanhada de símbolos que fornecem uma informação imediata das suas necessidades e exigências específicas. Cada quadrado das categorias – escovagem e espaço – divide-se em quatro partes. Na categoria escovagem, por exemplo, apenas um quarto com cor indica que o pêlo não precisa de muita escovagem, ao passo que a cor nas quatro partes indica a necessidade de ser bastante escovado.

Cor uniforme 46
Preto 46
Azul 47
Chocolate 48
Creme 49
Lilás 50
Vermelho 51
Branco 52

Cor não uniforme 53
Bicolor 53
Persa Van bicolor 54
Azul-creme 55
Camafeu 56
Camafeu vermelho sombreado 57
Chinchila 58
Chinchila dourado 59
Cara de pequinês (Peke) 60
Esfumado 61
Azul esfumado 62
Creme esfumado 63
Tartaruga esfumado 64
Vermelho esfumado 65
Cambiante 66
Castanho cambiante 67
Vermelho cambiante 68
Prateado cambiante 69
Tartaruga cambiante 70
Tartaruga 71
Mesclado (calico) 72

Ponta de cor 73
Ponta azul 73
Ponta creme 74
Ponta vermelha 75
Ponta foca 76
Azul cambiante 77
Chocolate cambiante 78
Foca cambiante 79

RAÇAS DE PÊLO COMPRIDO

RAÇAS DE PÊLO COMPRIDO

Cor uniforme

Preto

Uma das mais antigas raças com pedigree, o pêlo comprido preto ou persa é das mais difíceis de produzir em condições ideais para exposições. É enorme e encantador, e o seu lustroso pêlo preto é complementado pelos grandes olhos brilhantes.

O pêlo preto tende a desenvolver matizes de ferrugem, causadas talvez pela forte luz do sol ou por condições húmidas, e os períodos de muda causam barras acastanhadas no pêlo ondulado. Os filhotes pretos são normalmente bastante decepcionantes, com muitas manchas no subpêlo e cor de ferrugem no pêlo exterior, mas estes defeitos costumam desaparecer com a maturidade.

Coloração O pêlo deve ter uma cor preta bem escura desde as raízes até às pontas, sem quaisquer marcas, manchas ou pêlos brancos. A pele do nariz é preta, e as almofadas das patas são pretas ou castanhas. A cor dos olhos é cobre brilhante ou cor de laranja intensa, sem orla verde.
Compleição De média a grande e musculado, com dorso e ombros grandes e cara pequena.
Temperamento Calmo e meigo; não é demasiado exigente.

RAÇAS DE PÊLO COMPRIDO

Azul

Nos gatos, a cor azul é causada pela acção do factor de diluição no preto, e alguns dos primeiros persas importados tinham esta atraente cor de pêlo. Nas primeiras exposições, eram exibidos muitos gatos azuis, mas não se pareciam com os que hoje em dia vemos nos concursos. No início do século XX, os defeitos iniciais, tais como medalhões brancos e cambiantes, tinham sido eliminados das exposições. Em 1901, foi fundada a Blue Persian Society para promover a criação e a exibição destes gatos. Muitos membros da sociedade, incluindo a rainha Vitória, possuíam gatos persas azuis e este facto contribuiu para a sua categoria e popularidade actual.

Coloração O azul deve ser uniforme desde o nariz até à ponta da cauda, e igual da raiz à ponta dos pêlos. Qualquer azul é aceite, mas são preferíveis os mais claros. Não deve apresentar quaisquer marcas, sombreados ou brancos. A pele do nariz e das almofadas das patas é azul. Os olhos são cobre brilhante ou laranja intensa sem traço de verde.

Compleição De médio a grande e musculado; dorso e ombros grandes e cara pequena e redonda.

Temperamento Calmo e de boa natureza; não demasiado exigente.

RAÇAS DE PÊLO COMPRIDO

Chocolate

Durante a criação e o desenvolvimento dos gatos de pêlo comprido himalaiano ou ponta de cor, os criadores perceberam que também era possível produzir gatos de pêlo comprido com cor uniforme chocolate e lilás. Esta ideia foi simples de pôr em prática, e os gatos com a cor desejada foram facilmente criados, embora o seu tipo de corpo e a qualidade do pêlo fossem extremamente pobres quando comparados com os padrões do persa. Os primeiros criadores destas variedades também se confrontaram com o efeito de descoloração na cor do pêlo produzida pelo gene chocolate, e alguns dos primeiros gatos foram muito decepcionantes.

Por fim, contudo, conseguiramcriar gatos de pêlo comprido chocolate com a mesma qualidade dos seus primos himalaianos. Algumas associações norte-americanas classificam os gatos de pêlo comprido chocolate uniforme com o nome de raça caxemira; outras classificam-nos como himalaianos.

Coloração Chocolate castanho, intenso e quente, igual desde a raíz até à ponta dos pêlos e sem marcas, sombreados ou pêlos brancos. A pele do nariz e das almofadas das patas é castanha. A cor dos olhos é cobre, cobre brilhante ou laranja intenso.
Compleição Médio a grande; rechonchudo mas elegante; cara e redonda.
Temperamento Meigo, afeiçoado e geralmente pouco exigente.

RAÇAS DE PÊLO COMPRIDO

Creme

De início, os creme chamavam-se «fulvos» e eram normalmente rejeitados por expositores meticulosos a favor de gatos com pêlo de cores mais fortes. Em 1903, Frances Simpson escreveu que os creme estavam a ficar na moda, mas os primeiros gatos desta variedade eram considerados «aberrações ou produtos do acaso» e foram rejeitados. Os gatos creme foram levados da Grã-Bretanha para os Estados Unidos e depressa se afirmaram como vencedores de competições. O actual persa creme é uma raça refinada e sofisticada, que manifesta todas as melhores características do típico pêlo comprido.

Coloração Em geral, a cor do pêlo difere entre os Estados Unidos, o Reino Unido e a Europa. O padrão da CFA exige tom uniforme de creme camurça igual até às raízes, sem marcas e de preferência com cambiantes claras. O GCCF britânico requer uma cor uniforme de tom pálido a médio, sem sombreados ou marcas. O padrão da FIFe exige creme pastel, pálido e puro sem tons quentes, sombreados ou marcas mais claras; a cor deve ser uniforme da raíz às pontas. A pele do nariz e das almofadas das patas é rosa. Os olhos são cobre brilhante ou cobre intenso.

Compleição Médio a grande; rechonchudo mas elegante; cara com bochechas.

Temperamento Meigo, afeiçoado e geralmente pouco exigente.

RAÇAS DE PÊLO COMPRIDO

Lilás

Tal como o chocolate de pêlo comprido, o lilás é relativamente recente, criado como variante do programa de criação do ponta de cor. Originalmente, foi difícil produzir a raça com o tipo correcto de persa, mas o problema foi resolvido e a delicada cor lilás garante-lhe fiéis adeptos entre os criadores de gatos. Algumas associações norte-americanas classifica-no (com o seu primo chocolate) como caxemira; outras como himalaiano.

Coloração Alfazema forte, quente, de tom rosado, uniforme da raíz às pontas, sem marcas, sombreados ou pêlos brancos. A pele do nariz e das almofadas das patas é rosa. Os olhos são cobre brilhante ou laranja pálido.
Compleição Médio a grande; bastante rechonchudo mas elegante; cara bochechuda.
Temperamento Boa natureza, afeiçoado e amistoso; pouco exigente.

Vermelho

Embora raça favorita nas exposições durante mais de cem anos, nos primeiros tempos havia certa confusão sobre a verdadeira descrição da cor desta variedade. Até 1894, as exposições no Crystal Palace de Londres apenas admitiam categorias de persas castanhos ou vermelhos cambiantes; mas, em 1895, foi acrescentada uma categoria para o laranja e para o creme e revisto o padrão para o persa laranja, exigindo que «a cor fosse a mais brilhante possível, uniforme ou com marcas tão distintas quanto possível». É óbvio que os juízes escolhiam os vencedores sem levar em conta as marcas. Em seguida, os criadores distinguiam os vermelhos uniformes dos vermelhos cambiantes e, em 1912, tinham categorias separadas, ainda descritas como laranja uniforme ou laranja cambiante. A cor mais carregada foi seleccionada e os últimos 50 anos o vermelho passou a ser bastante apreciado em exposições.

Coloração Vermelho forte, intenso, brilhante e sem marcas, sombreados ou riscas. Os lábios e o queixo têm a mesma cor do pêlo. A pele do nariz e das almofadas das patas é vermelho tijolo. A cor dos olhos é cobre brilhante ou forte.
Compleição Médio a grande; elegante e rechonchudo; cara com bochechas.
Temperamento Meigo, de boa natureza e amistoso; pouco exigente.

RAÇAS DE PÊLO COMPRIDO

Branco

Esta variedade foi popular durante mais de cem anos, e é o resultado de cruzamentos entre os primeiros gatos angorá e persa importados. O branco de pêlo comprido original tinha olhos azuis e, devido a uma anomalia genética, muitos dos gatos desta variedade eram surdos. Mais tarde, houve um esforço para melhorar o tipo e a compleição geral do branco e realizaram-se cruzamentos com vencedores da raça persa azul e persa preto. Os animais resultantes tinham uma compleição óssea mais sólida e melhor tipo de corpo e cabeça; alguns gatos tinham os olhos cor de laranja ou de cobre e, em alguns casos, tinham olhos em mosaico (um de cada cor), com um azul e outro laranja ou cobre. Além disso, tinham bom ouvido, embora alguns brancos de olhos em mosaico fossem surdos do ouvido do lado do olho azul.

Estas variedades brancas precisam de cuidados especiais com o pêlo, pois podem ficar manchados de amarelo em redor dos olhos, narinas, lábios e por baixo da cauda. Sem tais cuidados, as manchas podem ser impossíveis de remover, estragando a beleza do pêlo.

Coloração O pêlo deve ser branco puro resplandecente, sem marcas ou sombreados de qualquer tipo. A pele do nariz e das almofadas das patas é cor de rosa. No branco de olhos azuis, o azul dos olhos é intenso. A cor dos olhos é cobre brilhante ou laranja ou cobre. O branco de olhos em mosaico tem um olho de azul intenso e o outro é cor de cobre ou laranja.

Compleição Médio a grande; rechonchudo e elegante; cara pequena com bochechas.

Temperamento Afeiçoado, amistoso e normalmente pouco exigente.

RAÇAS DE PÊLO COMPRIDO

Cor não uniforme

Bicolor

Os primeiros registos de gatos de fantasia fornecem-nos vários exemplos dos bicolores. Na sua maioria, são de pêlo curto de várias cores, cada uma delas associada com branco. Nas primeiras exposições felinas, os pretos e brancos eram conhecidos por «pegas» e exigia-se que as marcas fossem bastante nítidas e bem distribuídas. Tais marcas eram difíceis de conseguir e poucos criadores se dispunham a procurar o bicolor perfeito. Por fim, as associações estabeleceram novos padrões.

Coloração O bicolor pode ser de qualquer cor uniforme com branco. Nos Estados Unidos, exige-se que os gatos tenham branco nas pernas e patas, no peito, debaixo do corpo e no focinho, e na cara um desejável «V» invertido branco. O branco também é admitido sob a cauda e numa marca semelhante a um colar em redor do pescoço.

O padrão britânico é menos rigoroso acerca da distribuição da cor e do branco. As manchas de cor devem ser nítidas e bem distribuídas, com não mais de dois terços de pêlo colorido e não mais de metade do corpo branco. A cara deve ser mesclada de cor e de branco.

Compleição Tamanho médio e bem musculado, com peito grande e largo, e cabeça pequena.

Temperamento Boa natureza, calmo e afeiçoado; em geral pouco exigente.

RAÇAS DE PÊLO COMPRIDO

Persa Van bicolor

Esta subvariedade pode apresentar-se em preto e branco, azul e branco, vermelho e branco ou creme e branco. Contudo, a distribuição da cor é muito diferente da do persa bicolor. O Van bicolor é basicamente branco com a cor limitada às extremidades – cabeça, pernas e cauda. Admitem-se uma ou duas pequenas manchas coloridas no corpo.

Entre os possíveis defeitos de *pedigree* incluem-se manchas irregulares de cor, pêlo demasiado curto, corpo muito estreito, cores diferentes na cauda, nariz alongado e orelhas demasiado juntas.

Coloração Basicamente branco, com vermelho, preto, azul ou creme nas extremidades – cabeça, orelhas e cauda. Os padrões de cor são da raça bicolor.

Compleição Tamanho médio e bastante sólido; cabeça ampla e arredondada, e pernas curtas e grossas.

Temperamento Afeiçoado e amistoso; pouco exigente e pouco activo.

Azul-creme

A coloração azul-creme é o equivalente esbatido do tartaruga. Assim como o tartaruga tem manchas de preto e vermelho, também o azul-creme tem as correspondentes manchas esbatidas de azul (do preto) e creme (do vermelho). Antigos criadores conseguiram obter alguns dos resultados esperados cruzando gatos de várias cores. O maior problema desses criadores era não descobrirem a razão de os «gatos com marcas azuis», ou azuis-creme, serem todos fêmeas e de a cor estar ligada ao sexo.

Coloração Existem diferentes padrões para a cor e pêlo. Na América do Norte, o pêlo deve ser azul com manchas bem definidas de creme forte, bem distribuídas no corpo e nas pontas. O GCCF diz que deve ser em tons pastel de azul e creme, mesclados. A FIFe refere o azul-creme como azul mosqueado, e descreve o pêlo como azul-acinzentado claro e creme pálido, manchado e/ou associado, com ambas as cores bem distribuídas pelo corpo e pontas. Os olhos são cobre brilhante, cobre carregado ou laranja.

Dimensão Média e bem musculado; peito largo e cabeça pequena e redonda.

Temperamento Afeiçoado, de boa natureza e pouco exigente.

RAÇAS DE PÊLO COMPRIDO

Camafeu

Criados nos Estados Unidos em 1954, foram o resultado de cruzamentos entre excelentes gatos esfumados e tartaruga. Os gatinhos camafeu nascem quase brancos e desenvolvem a cor subtil à medida que crescem. Existem três intensidades de cor no grupo dos camafeu: o rosa é pálido, o sombreado pouco escuro e o esfumado quase negro.

Coloração O subpêlo branco do camafeu rosa pálido deve ser pontilhado com vermelho na cabeça, dorso, flancos e cauda para dar o reluzente aspecto da variedade. Cara e pernas podem ser levemente sombreadas. O queixo, tufos das orelhas, barriga e peito são brancos. Rebordo das pálpebras, pele do nariz e almofadas das patas são rosa. Olhos cobre brilhante.
Compleição Médio e musculado; cabeça larga e redonda e cara pequena. Orelhas pequenas, bem definidas.
Temperamento Afeiçoado de boa natureza e pouco exigente.

RAÇAS DE PÊLO COMPRIDO

Camafeu vermelho sombreado
Tal como outros tipos de camafeu, é relativamente recente; é uma variedade de pontas de cor persas a meio caminho entre o esfumado denso e o chinchila com extremidades mais claras. O pêlo é comprido, sedoso e luxuriante, e a cor pálida quase branca contrasta com as pontas mais escuras, tornando-o num sombreado bastante atraente.
As orelhas são pequenas, bem definidas, mas podem constituir potencial defeito de *pedigree* se estiverem demasiado juntas. Outros defeitos de *pedigree* são o pouco pêlo, corpo muito esguio e diferença na coloração da cauda. Os gatitos nascem quase brancos e desenvolvem a sua coloração à medida que amadurecem.

Coloração O subpêlo branco tem uma camada de pontas pretas e sombreados bem definidos de vermelho e de vermelho claro no padrão tartaruga. Esta coloração cobre a cara, os flancos e a cauda, e vai do escuro no dorso até ao branco no peito, barriga, sob a cauda e no queixo. O efeito geral é muito mais escuro do que o tartaruga rosa claro. Os olhos são cobre brilhante.
Compleição Médio e bem musculado; bastante rechonchudo, peito largo e cabeça ampla e redonda com cara pequena.
Temperamento De boa natureza, afeiçoado e pouco exigente.

RAÇAS DE PÊLO COMPRIDO

Chinchila

Talvez o mais encantador dos persas, com um característico aspecto reluzente e prateado. Os primeiros exemplares nasceram por acaso quando se acasalaram prateados cambiantes com gatos de outras cores; eram mais escuros do que os actuais, mas, à medida que a raça se desenvolveu, os mais claros ficaram conhecidos como chinchila, e os mais escuros, quando criados com sucesso segundo um padrão diferente, foram designados prateados sombreados.

Coloração Subpêlo uniforme branco, suficientemente sombreado de preto na cabeça, dorso, flancos e cauda para dar o característico aspecto cintilante prateado da variedade. As pernas podem ser ligeiramente sombreadas. O queixo, tufos das orelhas, peito e barriga são branco uniforme; orlas das pálpebras, lábios e nariz delineados a preto. A pele do nariz é vermelho tijolo e a das almofadas das patas é preta. Olhos verdes ou azuis esverdeados.

Compleição Médio e bastante rechonchudo, com cabeça larga e redonda.

Temperamento Boa natureza e afeiçoado; menos caseiro do que muitas outras raças de pêlo comprido.

Esfumado azul

O persa esfumado é geralmente conhecido como o «gato dos contrastes» e, embora seja raro, é uma excelente raça de pêlo comprido que foi sempre popular. Os esfumados de exibição precisam de mais cuidados do que o habitual, porque o tempo húmido e o sol excessivo podem estragar o aspecto do pêlo.
O esfumado azul é parecido com o persa azul, mas, quando se move, o branco contrastante do subpêlo torna-se visível. Estes gatos são difíceis de criar sem marcas cambiantes.

Coloração O subpêlo branco é escurecido nas pontas com azul; em repouso, parece azul, mas, em movimento, o subpêlo branco é bem visível. A máscara e as extremidades são azuis com faixa estreita de branco junto à pele, visível se o pêlo for separado. O colar e tufos das orelhas são brancos; o nariz e as almofadas das patas são azuladas. Os olhos são cobre brilhante, cobre ou laranja.
Compleição Médio e rechonchudo; cabeça larga, redonda e nariz achatado.
Temperamento Boa natureza e afeiçoado; em geral pouco exigente.

RAÇAS DE PÊLO COMPRIDO

Cara de pequinês (Peke)

Na realidade uma forma de persa vermelho, o peke foi criado para ter uma cara parecida com a do cão pequinês: nariz curto e achatado, uma clara reentrância entre os olhos e rugas em seu redor. Esta configuração é muito rara – tal como o persa vermelho, que está na sua origem. Além da cara, o peke possui outros traços persas: orelhas pequenas, arredondadas e com tufos, e pêlo espesso e sedoso. A compressão dos rasgos faciais significa que este gato costuma sofrer de problemas respiratórios e alimentícios, e os seus dentes estão geralmente sobrepostos.

Coloração O pêlo comprido e exuberante deve ser vermelho carregado e regular. Como é impossível remover totalmente as marcas cambiantes desta raça e do persa vermelho, os criadores pretendem reduzir ao mínimo o efeito do gene cambiante, embora as pernas, cauda e cara conservem traços das marcas daquele padrão. Os olhos são cobre forte.

Compleição Robusto e rechonchudo; pernas curtas e fortes; patas largas e redondas.

Temperamento A expressão sisuda esconde uma disposição suave e calma.

RAÇAS DE PÊLO COMPRIDO

Esfumado

Esfumado preto

O persa esfumado surgiu por volta de 1870 e foi o resultado do cruzamento entre os persas preto, azul e chinchila. Embora o pêlo pareça ter apenas uma cor uniforme, este efeito é causado por pontas muito escuras na pelagem. O subpêlo pálido só se revela quando o gato se movimenta. O esfumado preto tem um típico colar prateado à volta do pescoço, o qual contrasta muito bem com a cabeça preta. Tal como em todos os esfumados, o pêlo é comprido, denso e sedoso, e precisa de mais cuidados do que o dos outros persas.

Coloração O subpêlo é branco puro, muito escurecido nas pontas. Em repouso, o gato parece preto, mas, em movimento, o subpêlo branco torna-se bem visível. A máscara e as extremidades são pretas, com uma estreita faixa branca na base dos pêlos junto à pele, apenas visível quando o pêlo é separado. O colar e os tufos das orelhas são prateado claro. A pele do nariz e das almofadas das patas é preta. Os olhos são cobre brilhante, cobre ou laranja.

Compleição Médio e rechonchudo; cabeça larga e redonda; nariz achatado.

Temperamento Boa natureza e afeiçoado; em geral, pouco exigente.

RAÇAS DE PÊLO COMPRIDO

Chinchila dourado

Agora reconhecido como raça por direito próprio, também é conhecido por persa dourado. Pensa-se que teve origem no chinchila prateado ao qual foi transmitido o gene vermelho e começou por ser criado nos Estados Unidos. O dourado sombreado que – tem um subpêlo creme, quente e intenso, com capa castanho foca na cara, flancos e cauda – começa também a surgir nas exposições. As pernas são do mesmo tom da cara, e o aspecto geral é o de um gato muito mais escuro do que a variedade dourada.

Coloração Tem subpêlo creme forte e quente, com sombreado castanho foca na cabeça, dorso, flancos e cauda para lhe dar a aparência dourada. As pernas podem ser sombreadas nas pontas, e a orla das pálpebras, lábios e nariz são contornados com castanho foca. A pele do nariz é rosa carregado; as almofadas das patas são castanho foca. Os olhos são verde ou azul esverdeado.

Compleição Médio e rechonchudo, cabeça larga, redonda. Nariz bastante achatado.

Temperamento Boa natureza e muito afeiçoado.

RAÇAS DE PÊLO COMPRIDO

Esfumado creme

É uma versão mais pálida do esfumado vermelho, com a cor creme a diluir-se delicadamente nos lados e flancos até ficar quase branca. O esfumado creme é difícil de criar sem que apareçam as características marcas cambiantes. O pêlo comprido, denso e sedoso requer atenção frequente e cuidadosa para que não fique emaranhado. Para se manter em boas condições, o esfumado creme deve evitar a luz directa do sol e o tempo húmido. Apesar disto, em certas circunstâncias, são bons caçadores de ratos.

Coloração O subpêlo branco é escurecido nas pontas com creme; sombreados creme escuro definidos e desordenados. Em repouso, parece creme, mas, em movimento, o subpêlo branco é bem visível. Cara e orelhas creme, com faixa estreita de branco junto à pele, visível se o pêlo for separado. É preferível um sombreado de creme na cara. Colar e tufos das orelhas brancos. Os olhos são cobre brilhante.

Compleição Médio e rechonchudo; cabeça larga e redonda; nariz achatado.

Temperamento Boa natureza e afeiçoado; em geral pouco exigente.

RAÇAS DE PÊLO COMPRIDO

Esfumado vermelho

Embora, à primeira vista, pareça ser de cor uniforme, o esfumado vermelho tem subpêlo mais claro, visível quando o gato se movimenta. O pêlo é tipicamente comprido, denso e sedoso.

Para efeitos de criação, os esfumados podem ser acasalados, mas as suas características irão deteriorar-se ao longo das gerações, a não ser que se usem no cruzamento bons gatos azuis ou pretos de pêlo comprido.

Coloração Subpêlo branco, escurecido nas pontas com vermelho. Em repouso, parece vermelho, mas, em movimento, o subpêlo torna-se visível. Máscara e extremidades vermelhas, com estreita faixa de branco junto à pele, visível se o pêlo for separado. Colar e tufos das orelhas brancos; orlas das pálpebras, nariz e almofadas das patas rosa. Os olhos são cobre brilhante.

Compleição Médio e rechonchudo; cabeça larga, redonda; nariz achatado.

Temperamento Boa natureza e afeiçoado; em geral, pouco exigente.

RAÇAS DE PÊLO COMPRIDO

Esfumado tartaruga

É um recém-chegado entre os persas esfumados e as fêmeas são mais fáceis de reproduzir do que os machos. Possui as típicas marcas tartaruga e o subpêlo é escurecido nas pontas com preto. Este esfumado existe nas cores normais do padrão tartaruga – vermelho, creme e preto –, e uma nova forma lilás (na imagem) está a ser desenvolvida. Tal como outros esfumados, trata-se de uma raça encantadora e apreciada.

Coloração Subpêlo branco escurecido nas pontas com preto; marcas vermelhas bem definidas e desordenadas, vermelhos claros no padrão tartaruga. Em repouso, parece apresentar só o padrão tartaruga, mas, em movimento, o subpêlo branco torna-se visível. Cara e orelhas têm o padrão tartaruga, com estreita faixa branca junto à pele, visível se o pêlo for separado. É desejável máscara escurecida de vermelho ou vermelho-claro. Colar e tufos de orelha brancos. Os olhos são cobre brilhante.

Compleição Médio e rechonchudo; cabeça larga, redonda; nariz curto e achatado.

Temperamento Boa natureza e afeiçoado; em geral, pouco exigente.

RAÇAS DE PÊLO COMPRIDO

Cambiantes

Cambiante azul

Os gatos cambiantes com *pedigree* causaram sempre controvérsias quanto ás suas características padrão no mundo das exposições felinas. Nos primeiros tempos da sua criação, houve discussões acerca do padrão e da claridade das marcas, e maior desacordo ainda sobre a correcta cor dos olhos. Os persas cambiantes são bastante raros nas exposições, talvez por ser difícil atingir o alto padrão exigido.

Coloração A base marfim azulado pálido abrange os lábios e queixo; as marcas azul forte contrastam com a cor base cinzenta. Uma cor pátina fulva quente cobre todo o gato. Pele do nariz rosa velho; almofadas das patas rosa. Olhos cobre brilhante.
Compleição Médio e rechonchudo; cabeça larga, redonda; nariz curto e achatado.
Temperamento Boa natureza e afeiçoado; em geral, pouco exigente.

RAÇAS DE PÊLO COMPRIDO

Cambiante castanho

Embora seja considerado o tipo original dos persas cambiantes, a cor passou para segundo plano nos últimos anos. Os gatos cambiantes com *pedigree* causaram sempre controvérsias quanto às suas características padrão nas exposições, e os persas cambiantes castanhos não são excepção. A dificuldade em encontrar cruzamentos adequados pode ter contribuído para o problema; o acasalamento ao longo de várias gerações resulta na perda do tipo original, e não é fácil produzir a coloração desejada. O padrão americano difere do seu congénere britânico ao admitir as espiras e o padrão «tigrado» de listras verticais nos flancos.

Coloração A base é castanho cobre brilhante; as marcas preto forte. Lábios e o queixo têm a cor dos anéis que rodeiam os olhos. As traseiras das pernas devem ser pretas desde a pata até ao calcanhar. Nariz vermelho tijolo, e almofadas das patas pretas ou castanhas. Olhos cobre ou avelã.

Compleição Médio e rechonchudo; cabeça larga, redonda; nariz curto e achatado.

Temperamento Boa natureza e afeiçoado; em geral, pouco exigente.

RAÇAS DE PÊLO COMPRIDO

Cambiante vermelho

O padrão cambiante clássico, por vezes referido como «marmoreado» ou «manchado», deve apresentar marcas precisas, densas, largas e bem definidas. O padrão de exibição para este persa, no início conhecido como cambiante laranja, exige pêlo vermelho forte e marcas regulares mais escuras.

Apesar de esta variedade ser considerada boa, ainda existem problemas para se obter as marcas correctas. Contudo, o padrão pode ser obtido nos filhotes e pouco alterando quando crescem.

Coloração A base vermelha, lábios e queixo; as marcas são vermelho forte. A pele do nariz é vermelho tijolo, e as almofadas das patas pretas ou castanhas. Olhos cobre brilhante.

Compleição Rechonchudo, musculado; cabeça larga, redonda; orelhas a baixa altura.

Temperamento Boa natureza e afeiçoado; em geral, pouco exigente.

RAÇAS DE PÊLO COMPRIDO

Cambiante prateado

Este persa é relativamente raro por causa da dificuldade em conseguir-se uma base prateada com marcas cambiantes pretas. A busca de um bom cambiante prateado é dificultada pelo facto de as crias mais escuras virem a ser depois os adultos com melhores marcas, ao passo que as crias que parecem prometedoras perdem as marcas ao crescer. O uso de cambiantes castanhos para cruzamentos resultou em marcas castanhas prateadas, ao passo que os persas pretos resultam geralmente em cambiantes prateados com olhos laranja.

Coloração Fundo prateado claro que abrange lábios e queixo; marcas preto forte. Nariz vermelho tijolo, e as almofadas das patas pretas. Olhos verdes ou avelã.
Compleição Rechonchudo, musculado; cabeça larga, redonda; orelhas a baixa altura.
Temperamento Boa natureza e afeiçoado; em geral, pouco exigente.

Cambiante tartaruga

Um gato no qual o padrão cambiante é a principal cor do pêlo, sobrecarregada com sombreado ou vermelho, embora mantenha visíveis as áreas cambiantes ou tartaruga. As pernas devem apresentar marcas uniformes, com braceletes que se estendem até às marcas do corpo. A cauda também deve apresentar anéis bem distribuídos.
Além do cambiante tartaruga castanho, na imagem, existem o tartaruga azul e o prateado, ambos com olhos cobre brilhante.

Coloração A cor base é castanho cobre brilhante; lábios e queixo do mesmo tom dos anéis em redor dos olhos; marcas pretas, clássicas ou tigradas e manchas de vermelho e/ou vermelho claro bem definidas tanto no corpo como nas extremidades. Olhos cobre brilhante.
Compleição Rechonchudo, musculado; cabeça larga, redonda; orelhas a baixa altura.
Temperamento Boa natureza e afeiçoado; em geral, pouco exigente.

RAÇAS DE PÊLO COMPRIDO

Tartaruga

Popular desde o início da criação de gatos, este persa atraiu sempre o interesse nas exposições devido ao belo pêlo preto com áreas de vermelho. Os primeiros registados tinham pêlo curto, mas, por volta de 1900, os de pêlo comprido começaram a ser vistos em exposições; foram sempre populares como animais de estimação. Os criadores estão intrigados com esta variedade que apenas surge como fêmea, e apreciam a gama de cores que a gata tartaruga pode produzir, dependendo dos genes de cor recessivos que ela possui e da cor e tipo genético do macho com que é acasalada.

Coloração Preto com manchas bem definidas de vermelho e vermelho-claro tanto no corpo como nas extremidades. É desejável uma mancha de vermelho ou vermelho-claro na cara. Olhos cobre brilhante.

Compleição Médio, rechonchudo; peito largo; cabeça larga, redonda e nariz curto.

Temperamento Boa natureza e afeiçoado; em geral, pouco exigente.

RAÇAS DE PÊLO COMPRIDO

Calico (mesclado)

Estes gatos, outrora conhecidos na Grã-Bretanha como gatos *chintz*, são referidos como calico (mesclado) nos Estados Unidos. No mesclado esbatido, o efeito do gene de diluição substitui o preto por azul, e as manchas vermelhas por cremes, resultando num azul, creme e branco. Como não existem machos na variedade (quando nasce um macho, costuma ser estéril), utilizam-se gatos de cores uniformes para efeitos de reprodução.

Coloração O corpo é branco com manchas desordenadas de preto e vermelho; o branco é predominante nas partes inferiores. Olhos cobre brilhante. O calico esbatido é branco com manchas desordenadas de azul e creme; o branco é predominante nas partes inferiores. Olhos cobre brilhante.
Compleição Médio, rechonchudo; peito largo; cabeça larga, redonda, nariz bastante curto.
Temperamento Amistoso, de boa natureza, afeiçoado; pouco exigente.

RAÇAS DE PÊLO COMPRIDO

Ponta de cor

Ponta de cor ponta azul

As características persas são dominantes em muitos aspectos físicos do himalaiano ou ponta de cor – para além da coloração, é claro. O pêlo é sedoso, espesso e denso, com abundante colar. Nos gatinhos ponta de cor, as marcas faciais ou máscara não são completas, deixando um típico frontal pálido. As pontas escuras são apreciadas nos gatos de exibição, mas a intensidade da cor não deve ser tanta como no equivalente gato siamês.

Coloração Azulado-branco, de tom frio, que passa gradualmente para branco no peito e na barriga. Extremidades azuis. A pele do nariz e das almofadas das patas é cinzento-ardósia. Olhos azul intenso e vivo.
Compleição Médio, entroncado, robusto; cara redonda e larga. Grandes orelhas inclinadas para baixo.
Temperamento Esperto e brincalhão, mas meigo e afeiçoado; requer muita atenção.

RAÇAS DE PÊLO COMPRIDO

Ponta de cor ponta creme

O carácter do ponta de cor combina os melhores traços dos gatos usados na sua criação – o siamês e o persa. Normalmente, é um pouco mais animado e divertido do que os seus primos persa de cor uniforme, mas menos ruidoso e turbulento do que o siamês típico. Do seu antepassado siamês, herdou as precoces tendências para se reproduzir; as fêmeas ponta de cor têm o cio com oito meses de idade, embora os machos só atinjam a maturidade aos dezoito meses.

Coloração Creme branco sem manchas. Extremidades creme-castanho amarelado, sem tons de damasco. A pele do nariz e das almofadas das patas é rosa carne ou coral salmão. A cor dos olhos é o azul muito intenso e vivo.

Compleição Médio, entroncado, robusto; cara redonda e larga; grandes orelhas inclinadas para baixo.

Temperamento Esperto e brincalhão; meigo e muito afeiçoado; requer muita atenção.

RAÇAS DE PÊLO COMPRIDO

Ponta de cor ponta vermelha

Também conhecido por ponta de fogo. Atraente, com tom de damasco matizado de branco e extremidades de cor damasco-vermelho mais intensa. O pêlo é sedoso, espesso e denso, e, tal como todos desta raça, tem um colar abundante. Defeitos de *pedigree* podem incluir estrabismo, fraca estrutura óssea, olhos não azuis e marcas não padronizadas.

Coloração Creme esbranquiçado. A cor das extremidades varia do intenso laranja fogo ao vermelho forte. A pele do nariz e das almofadas das patas é cor de carne ou coral. Olhos azul vivo e intenso.

Compleição Médio, entroncado, robusto; cara redonda e larga; grandes orelhas inclinadas para baixo.

Temperamento Esperto e brincalhão; meigo e afeiçoado; requer muita atenção.

RAÇAS DE PÊLO COMPRIDO

Ponta de cor ponta foca

Geralmente confundido com um siamês de pêlo comprido devido à semelhança dos padrões de cor, este ponta de cor ou himalaiano, é um persa, produto do cruzamento entre siameses, birmaneses e persas que surgir nos anos 30. Da criação, resultaram os restritos padrões e cores de pêlo normalmente apenas vistos no siamês. Existe em larga variedade de cores e padrões, e o seu temperamento combina o melhor dos gatos usados na sua reprodução.

Coloração Fulvo pálido ou creme bem distribuído, de tom quente, que passa gradualmente para uma cor mais clara no peito e na barriga. Extremidades de intenso castanho foca. O nariz e as almofadas das patas tem a mesma cor das extremidades; olhos azul intenso e vivo.
Compleição Médio, entroncado, robusto; cara redonda e larga; grandes orelhas inclinadas para baixo.
Temperamento Esperto e brincalhão, meigo e afeiçoado; requer muita atenção.

RAÇAS DE PÊLO COMPRIDO

Ponta de cor azul cambiante

Todas as variedades devem apresentar uma marca em «*M*» bem definida no frontal, zona dos bigodes pontilhada e típicas marcas de «óculos» em redor dos olhos. As pontas das orelhas e a cauda devem ter a mesma cor. Além do cambiante azul, existe o chocolate, o lilás e o foca. O cambiante lilás é muito belo, com branco liso no corpo e máscara escura bem delineada.

Coloração Branco-azulado de tom frio. A máscara é bem delineada com listras escuras: linhas verticais no frontal formam o clássico «M»; as horizontais passam pelas bochechas; pontos escuros na zona dos bigodes. Interior das orelhas claro, e uma «impressão de polegar» na parte de trás das orelhas. Pernas e cauda marcadas uniformemente com braceletes. Todas as marcas devem ser largas, densas e bem definidas. Corpo, sem riscas ou mosqueados, mas aceitável sombreado em gatos idosos. Extremidades azul claro prateado, riscadas com marcas cambiantes azuis mais escuras. Nariz azul ou vermelho tijolo e almofadas das patas azuis. Olhos azul intenso e vivo.

Compleição Médio, entroncado, robusto; cara redonda e larga; grandes orelhas inclinadas para baixo.

Temperamento Esperto e brincalhão, meigo e afeiçoado; requer muita atenção.

Ponta de cor chocolate cambiante

Todos os gatinhos ponta de cor são curiosos, amistosos e brincalhões. As marcas desenvolvem-se aos poucos e os gatinhos apresentam as verdadeiras cores poucas semanas depois de nascerem.
Tal como noutro ponta de cor, esta variedade deve apresentar um «M» bem definido no frontal, zona dos bigodes pontilhada e as típicas marcas de «óculos» em redor dos olhos.

Coloração A cor do corpo é marfim. A máscara é delineada com linhas escuras: as verticais formam a clássica marca «M» no frontal; as horizontais barram as bochechas; pontos negros surgem na zona dos bigodes. Interior das orelhas claro e «impressão de polegar» na parte traseira das orelhas. Pernas e cauda marcadas de forma uniforme com braceletes. As marcas devem ser largas, fortes e bem delineadas. Corpo sem riscas ou mosqueados, mas aceitável sombreado em gatos idosos. Extremidade de fulvo quente, riscado com marcas leite com chocolate. Nariz e almofadas das patas rosa-canela. Olhos azul intenso e vivo.
Compleição Médio, entroncado, robusto; cara redonda e larga; grandes orelhas inclinadas para baixo.
Temperamento Esperto e brincalhão, meigo e afeiçoado; requer muita atenção.

Ponta de cor foca cambiante

Tal como outros ponta de cor persas, o foca cambiante é muito afeiçoado e afeiçoado aos donos, geralmente em busca de atenção. Os padrões de cor variam ligeiramente entre os Estados Unidos e a Grã-Bretanha, mas o foca é aceite por ambas as associações felinas, tal como os azul, chocolate, vermelho, lilás e tartaruga. Nos Estados Unidos, o cambiante foca também é conhecido como foca lince. Em todas as variedades, os filhotes nascem com uma cor relativamente pálida, e as marcas das extremidades só são totalmente visíveis cerca dos 18 meses de idade e às vezes até mais tarde.

Coloração Varia do creme pálido ao fulvo e é de tom quente. A máscara é bem delineada com riscas escuras: as verticais formam a clássica marca «M» no frontal; as horizontais barram as bochechas; pontos negros na zona dos bigodes. Interior das orelhas claro e «impressão de polegar» na traseira das orelhas. Pernas com listras bem distribuídas. As marcas devem ser largas, fortes e bem delineadas. Corpo sem riscas ou mosqueados, mas aceitável sombreado em gatos idosos. Extremidades bege castanho riscadas com marcas cambiantes castanho mais escuro. Nariz foca ou vermelho tijolo; almofadas das patas foca castanho. Olhos azul intenso.
Compleição Médio, entroncado, robusto; cara redonda e larga; grandes orelhas inclinadas para baixo.
Temperamento Esperto e brincalhão, meigo e afeiçoado; requer muita atenção.

Curl americano 82
Angorá 83
Lilás 84
Branco 85
Branco de olhos mosaico 85

Birmane 86
Ponta azul 86
Ponta chocolate 87
Ponta creme 88
Ponta lilás 88
Ponta foca 89
Ponta cambiante foca 90
Ponta cambiante tartaruga 91

Cymric (Cunrique) 92

Maine Coon 93
Mesclado esbatido 94
Sombreado vermelho 95
Tartaruga 96

Gato norueguês dos bosques 97
Esfumado preto 98
Cambiante castanho 99
Vermelho e branco 100
Tartaruga 101
Branco 102

Ragdoll 103
Bicolor 104
Ponta de cor 105
Enluvado azul 106
Enluvado foca 106

Van turco 107

RAÇAS DE PÊLO SEMICOMPRIDO

RAÇAS DE PÊLO SEMICOMPRIDO

Curl americano

Visto pela primeira vez em 1981, na Califórnia, o curl americano só recentemente foi exportado para o Reino Unido e ainda não foi reconhecido pelo GCCF.
O curl americano original, chamado «sulamita», foi um animal isolado com estranhas orelhas curvadas para trás, e, quando teve uma ninhada, dois dos filhotes tinham as orelhas iguais às da mãe. Estabeleceu-se um plano de criação e esta raça adquiriu, num período de tempo relativamente curto, estatuto de competição na Cat Fancier's Association (CFA) e atraiu um público muito fiel.

O pêlo é semicomprido médio e estende-se junto ao corpo. A cauda peluda é um traço característico e as orelhas devem ter muitos pêlos.

Coloração Todas as cores e padrões são aceitáveis.
Compleição Média e elegante; grandes olhos redondos. As características orelhas curvam para trás num arco suave.
Temperamento Amistoso, esperto, brincalhão e sociável; não exige constante atenção.

RAÇAS DE PÊLO SEMICOMPRIDO

Angorá

Uma das raças mais antigas, originária da Turquia, o angorá foi o primeiro gato de pêlo comprido a chegar à Europa. No século XVI, eram descritos como «gatos muito belos, cor de cinza, pardos e manchados». Começaram então a ser criados e alguns dos filhotes foram levados para Inglaterra onde eram conhecidos como gatos franceses. Quando outro tipo de gato de pêlo comprido chegou à Europa vindo da Pérsia (actual Irão), o angorá e o persa foram cruzados indiscriminadamente. A variedade persa começou gradualmente a ultrapassar a popularidade do angorá e, no século XX, esta raça era quase desconhecida fora da sua terra natal.
Entre os angorás de cor uniforme incluem-se o preto (na imagem), o azul, o chocolate, o lilás, o vermelho, o creme, o cor de canela, o caramelo e o branco.

Coloração Preto carregado, uniforme da raíz às pontas e sem qualquer tom de ferrugem nas pontas ou subpêlo esfumado. A pele do nariz é preta, e a das almofadas das patas é preta ou castanha. Olhos âmbar. O pêlo preto-azeviche exigido nesta variedade é muito difícil de produzir, particularmente nos gatos jovens, aos quais, nas exposições, os juizes fazem algumas concessões.
Compleição Comprido, ágil e elegante, com cabeça estreita cuneiforme.
Temperamento Activo, esperto e sociável.

RAÇAS DE PÊLO SEMICOMPRIDO

Angorá lilás

Ainda gatinhos, os angorás são brincalhões e activos. Em geral, são afeiçoados aos donos, mas podem ser distantes em relação a estranhos. Os angorás perdem bastante pêlo no Verão, por isso devem ser penteados diariamente. A ausência de subpêlo felpudo significa que o pêlo não fica emaranhado.

Coloração O pêlo comprido e sedoso, que deve apresentar um tom definido, é lilás – um cinzento frio com tons rosados. A pele do nariz e das almofadas das patas é preta. Olhos âmbar.

Compleição Elegante e ágil; corpo bem proporcionado e cabeça cuneiforme.

Temperamento Activo, esperto e sociável.

RAÇAS DE PÊLO SEMICOMPRIDO

Angorá branco

Durante os anos 50 e 60, a América do Norte, a Grã-Bretanha e a Suécia importaram gatos da Turquia para dar início a programas de criação para o desenvolvimento da raça angorá. Nos Estados Unidos, o angorá turco foi oficialmente reconhecido e algumas associações concederam-lhe o estatuto de campeonato no início dos anos 70; mas, até 1978, a CFA aceitava apenas a variedade branca, que é ainda a mais reconhecida em toda a parte. Porém, mais tarde, passou a ser admitida uma larga variedade de cores.

Coloração Branco puro sem qualquer outra cor; nariz e almofadas das patas cor de rosa. O branco não deve apresentar qualquer mancha; mancha de cor permitida nos gatinhos, mas não aceite nos adultos.
Compleição Elegante e esbelto, com cabeça cuneiforme: grandes orelhas pontiagudas.
Temperamento Activo, esperto e sociável.

Angorá branco de olhos mosaico

Infelizmente, tal como noutros gatos brancos, boa percentagem destes gatos é surda; esta deficiência pode ser problema para os potenciais proprietários que vivam perto de estradas com movimento. A surdez costuma estar confinada ao lado do olho azul.

Coloração Igual ao angorá branco, excepto que um dos olhos deve ser azul e o outro verde. Os grandes olhos amendoados são ligeiramente rasgados para cima.
Compleição Elegante e esbelto; cuneiforme e grandes orelhas pontiagudas.
Temperamento Activo, esperto e sociável.

RAÇAS DE PÊLO SEMICOMPRIDO

Birmane

Birmane ponta azul

Também conhecido por gato sagrado da Birmânia, o birmane não está relacionado com o birmanês, apesar da semelhança dos nomes. É uma raça particular, pois embora se pareça com o ponta de cor de pêlo comprido ou himalaiano, possui as quatro patas brancas. O pêlo é sedoso, mais parecido com o do angorá turco do que com o do ponta de cor de pêlo comprido, e a compleição é diferente da do persa: é mais comprido e menos rechonchudo.

As luvas nas patas traseiras são «luvas com punho comprido»: cobrem toda a pata e estreitam na traseira da perna junto ao jarrete.

Coloração Branco azulado, frio, passando gradualmente para quase branco na barriga e peito. Extremidades azul forte, excepto nas luvas, que são branco puro. Nariz cinzento-azulado e almofadas das patas rosa. Olhos azul, quanto mais escuro e violeta melhor.

Compleição Média, comprido e elegante; cabeça redonda e bochechuda.

Temperamento Esperto, afeiçoado, tranquilo, menos calmo do que o persa.

RAÇAS DE PÊLO SEMICOMPRIDO

Birmane ponta chocolate

O pêlo do birmane é mais sedoso e menos denso do que o do persa. Em comparação, é mais fácil de cuidar se for regulamente penteado e escovado. As luvas brancas devem manter-se limpas e ser lavadas e secas com regularidade. Usa-se um pó branco especial para o pêlo, que é espalhado, escovado e que deixa as áreas brancas impecavelmente limpas.

Coloração Marfim sem manchas. Extremidades leite com chocolate de tom quente, excepto nas luvas em puro branco. Nariz canela rosada e almofadas das patas rosa. Olhos azuis, quanto mais escuro e violeta melhor.

Compleição Média, comprido e elegante; cabeça redonda e bochechuda.

Temperamento Esperto, afeiçoado, tranquilo, menos calmo do que o persa.

RAÇAS DE PÊLO SEMICOMPRIDO

Birmane ponta creme

O birmane é mais sossegado e mais plácido do que o siamês, mas também menos sereno do que o persa. É curioso e afeiçoado, com aparência distante, dando a impressão de estar consciente das suas origens místicas.

Coloração Branco-creme. Extremidades, excepto luvas, pastel creme; as luvas são brancas. Nariz e almofadas das patas rosa. Olhos azuis.
Compleição Média, comprido e elegante; cabeça redonda e bochechuda.
Temperamento Esperto, afeiçoado, tranquilo; menos calmo do que o persa.

Birmane ponta lilás

Atinge cedo a idade adulta; as fêmeas ficam com cio aos sete meses. Dão excelentes mães carinhosas, e os machos são famosos pelo temperamento muito carinhoso.

Coloração Tom frio glacial, próximo do branco sem manchas. Extremidades cinzento glacial de tom rosado, com luvas de branco puro. Nariz rosa e alfazema e almofadas das patas rosa. Olhos azul-violeta forte.
Compleição Médio, comprido e elegante; cabeça redonda e bochechuda.
Temperamento Esperto, afeiçoado, tranquilo. Menos calmo do que o persa.

RAÇAS DE PÊLO SEMICOMPRIDO

Birmane ponta foca

Uma ninhada de birmanes é em geral de três, quatro ou cinco crias quase brancas. Poucos dias depois, começam a desenvolver-se marcas de cor nas extremidades das orelhas e da cauda. Os olhos, ao abrirem entre os sete e os dez dias, são azul bebé que muda para o azul forte à medida que os gatinhos crescem.

Coloração Vai do fulvo uniforme ao creme pálido, de tom quente, para mais claro na barriga e no peito. Extremidades castanho-foca escuro, excepto nas luvas branco puro. O nariz deve ser igual à extremidades. Almofadas das patas rosa. Olhos azul, quanto mais forte e violeta melhor.
Compleição Médio, comprido e elegante; cabeça redonda e bochechuda.
Temperamento Esperto, afeiçoado, esperto. Menos calmo do que o persa.

Birmane ponta foca cambiante

Embora os puristas afirmem que só os birmane ponta foca e o ponta azul são considerados os verdadeiros gatos sagrados da Birmânia, a CFA reconhece as variedades ponta chocolate e ponta lilás; a FIFe estabeleceu características padrão para o vermelho e para o cambiante. Entre as variedades de ponta cambiante, incluem-se o foca (na imagem) e o azul chocolate, lilás, vermelho e creme.

Coloração Bege; extremidades escuras foca cambiante, excepto nas luvas que são brancas. Nariz vermelho tijolo ou castanho foca; almofadas das patas rosa.
Compleição Média, comprido e elegante; cabeça redonda e bochechuda.
Temperamento Esperto, afeiçoado, tranquilo; menos calmo do que o persa.

RAÇAS DE PÊLO SEMICOMPRIDO

Birmane ponta foca tartaruga

Com o típico pêlo comprido e sedoso, e colar no pescoço, estas variedades incluem o ponta foca tartaruga (na imagem), bem como os ponta azul, lilás e chocolate; há as mesmas cores nas variedades tartaruga cambiante. Qualquer que seja a cor, estão sempre alerta e interessados no que se passa à sua volta. Excelentes animais de estimação; o pêlo é mais fácil de cuidar do que o do persa.

Coloração Bege, escurecendo até ao fulvo. Extremidades, excepto luvas, têm castanho foca mesclado com vermelho e/ou vermelho claro. As luvas são brancas. Nariz rosa e/ou foca.
Compleição Média, comprido e elegante; cabeça redonda e bochechuda.
Temperamento Esperto, afeiçoado, tranquilo; menos calmo do que o persa.

RAÇAS DE PÊLO SEMICOMPRIDO

Cymric (Cunrique)

Nos anos 60, criadores de gatos sem cauda da ilha de Man descobriram, intrigados, que por vezes surgiam alguns filhotes de pêlo comprido em ninhadas normais das suas fêmeas sem cauda. Embora não existam gatos de pêlo comprido em qualquer dos *pedigrees*, é possível que o gene recessivo do pêlo comprido tenha sido herdado de gatos com cauda e pêlo curto cruzados em gerações passadas.

Embora a primeira reacção tenha sido deixar alguns gatinhos como animais de estimação esterilizados, decidiu-se que a variedade podia ser desenvolvida como raça autónoma muito atraente. Ao escolher-se o nome autónoma para a raça, algumas associações chamaram-lhe manês (da Ilha de Man) de pêlo comprido; outras *cymric* (que se lê «cunrique»), palavra galesa que significa «galês». A raça foi reconhecida por algumas associações e, excepto no pêlo, tem os mesmos requisitos para exposições usados para o gato manês. O pêlo é semilongo, macio e espesso, dando ao corpo o aspecto almofadado.

Coloração Aceite com as mesmas cores e padrões do manês.
Compleição Rabão; pernas traseiras mais altas que as dianteiras.
Temperamento Amistoso e esperto, com miado suave.

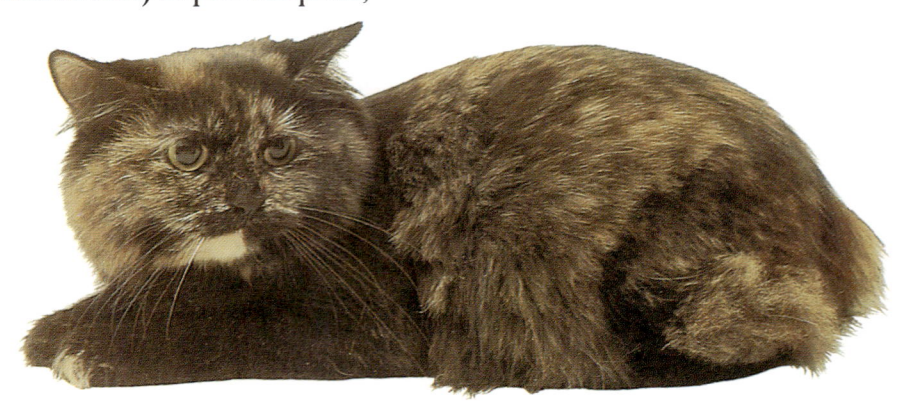

RAÇAS DE PÊLO SEMICOMPRIDO

Maine Coon

Das mais antigas raças naturais da América do Norte, o gato do Maine ou Maine coon, é conhecido como variedade há mais de cem anos. Tal como o nome sugere, tem origem no Estado do Maine. Durante algum tempo, pensou-se que era o resultado de cruzamentos entre gatos domésticos semibravios e o guaxinim (raccons), daí o nome «coon», embora se saiba que isso é biologicamente impossível.

A variedade cambiante castanho e branco do gato do Maine continua a ser a mais popular, mas aceitam-se todas as cores e qualquer quantidade de branco. Tanto o padrão cambiante clássico como o tigrado são aceites em qualquer das seguintes cores: castanho, azul, camafeu, vermelho, prateado e tartaruga.

Coloração O castanho cambiante tem pêlo brilhante de base castanho cobre, com densas marcas pretas. No tigrado castanho (na imagem), as marcas cambiante são linhas que correm pelo corpo. A traseira das pernas, desde as patas aos calcanhares, é em preto. É admitido branco em redor dos lábios e no queixo. A pele do nariz e das almofadas das patas é preta ou castanha. Os grande olhos ovais inclinam-se em direcção à base das orelhas; qualquer cor dos olhos é aceite, mas quanto mais brilhantes melhor.

Compleição Grande e robusto; pernas altas, cabeça longa; focinho quadrado.

Temperamento Doce, amistoso e brincalhão; afável e divertido.

Maine coon mesclado esbatido

Considerado como o perfeito animal doméstico de companhia, este típico gato do Maine tem personalidade extrovertida e é muito brincalhão e divertido, podendo até aprender algumas habilidades. Necessitam de três ou quatro anos para atingir tamanho total, e são lentos a amadurecer.

O pêlo comprido e macio, raramente emaranha e é fácil de cuidar, precisando apenas de ser penteado.

Coloração Este mesclado também é conhecido como gato azul, creme e branco do Maine. Exige-se branco no bibe, na barriga e nas patas. É desejável que exista branco num terço do corpo.

Compleição Grande, robusto; pernas altas; cabeça grande e focinho quadrado.

Temperamento Doce, amistoso e brincalhão; afável e divertido.

RAÇAS DE PÊLO SEMICOMPRIDO

Maine coon sombreado vermelho

Nos grupos esfumado e sombreado, aceita-se qualquer cor uniforme ou tartaruga. Pêlo de base o mais branco possível, com as pontas dos pêlos sombreando a cor básica, mais escuro na cabeça, dorso e patas. O esfumado é fortemente colorido; o sombreado tem o subpêlo mais prateado. Além do sombreado vermelho, aceita-se também a variedade sombreado prateado. As variedades esfumado incluem o preto, o azul, o creme e o vermelho.

Coloração Subpêlo branco com sugestões de vermelho nos flancos, cara e cauda; a cor vai do escuro no dorso até ao branco no queixo, peito, barriga e parte interna da cauda. As pernas têm o mesmo tom da cara. Nariz rosa e almofadas das patas negra.

Compleição Grande, robusto; pernas altas; grande cabeça e focinho quadrado.

Temperamento Doce, amistoso e brincalhão; afável e divertido.

Maine coon tartaruga

O padrão para cores sólidas insiste num pêlo uniforme até à raíz e sem qualquer mancha ou marca de outra cor. Quaisquer das cores ou padrões são aceitáveis nesta raça, exceptuando o ponta chocolate, o ponta lilás e o siamês. Em todas as variedades admitem-se olhos cobre, verdes e dourados; os olhos azuis e em mosaico são aceites no gato branco do Maine. Contudo, a cor é uma característica pouco significante, e a maior ênfase é colocada no tipo.
O pêlo deve ser à prova de água, forte, espesso e denso, muito profuso em redor do pescoço, onde forma um característico colar. Outra traço notável é a cauda, que deve ter no mínimo o comprimento do corpo desde as espáduas até à base da cauda. Esta deve ser larga na base, adelgaçando até à ponta e pêlo solto e abundante.

Coloração Preto com manchas desgarradas de vermelho e vermelho claro, bem definidas e diferenciadas tanto no corpo como nas extremidades. É desejável uma mancha de vermelho ou vermelho claro na cara.
Compleição Grande, robusto; pernas altas; cabeça grande e focinho quadrado.
Temperamento Doce, amistoso e brincalhão; afável e divertido.

RAÇAS DE PÊLO SEMICOMPRIDO

Gato norueguês dos bosques

Conhecido como o *norsk skaukatt* na Noruega, é muito parecido com o gato do Maine. É uma singular raça escandinava cujas origens estão envoltas em mistério e surge em mitos nórdicos e contos de fadas de meados do século XIX.

Tendo evoluído no frio clima da Noruega, tem pêlo forte e resistente às intempéries. O pêlo exterior lustroso e semicomprido cai desde a espinha dorsal, afastando a chuva e a neve, enquanto o subpêlo lanoso conserva o corpo confortavelmente quente. As suas fortes pernas, patas e garras tornam o gato dos bosques um excelente trepador de árvores e encostas rochosas. É muito esperto, ágil e magnífico caçador.

Coloração Todas as cores, excepto chocolate, canela, lilás e fulvo, embora tanto o padrão ponta de cor (himalaiano) como o factor birmanês sejam aceites. O tipo tem preferência sobre a cor. Não existe relação entre a cor do pêlo e a dos olhos, mas é desejável que a destes seja clara.

Compleição Grande, forte e robusto; cara triangular, cauda longa e felpuda.

Temperamento Activo, amistoso e independente; requer acesso ao jardim.

RAÇAS DE PÊLO SEMICOMPRIDO

Gato norueguês dos bosques preto esfumado

Desenvolvido a partir do gato doméstico indígena, apresenta-se numa larga variedade de cores e padrões de pêlo. Não há relação entre a cor do pêlo e a dos olhos, como na maioria das outras raças com *pedigree*. O pêlo comprido da raça é particularmente atraente nas cores que têm subpêlo prateado, como nas variedades esfumado, sombreado, esbatido e camafeu. Além do esfumado preto aqui representado, existem as variedades azul e vermelho. Outros tipos de cores, incluem o chinchila, o sombreado prateado, o camafeu rosa vermelho e o camafeu sombreado vermelho.

Coloração Subpêlo branco muito escurecido com preto; em repouso, parece preto; em movimento, o subpêlo torna-se visível. Extremidades e máscara pretas, com estreita faixa branca na base dos pêlos junto à pele. Colar e tufos das orelhas prateado claro; nariz e almofadas das patas preta.
Compleição Grande, forte e robusto; cara triangular; cauda longa e felpuda.
Temperamento Activo, amistoso e independente; requer acesso ao jardim.

Gato norueguês dos bosques castanho cambiante

Os quatro padrões cambiantes são aceites nesta raça, e admite-se uma vasta gama de cores, excepto as variedades chocolate, canela, fulvo e lilás. No corpo é admitida qualquer quantidade de branco.
Este encantador castanho cambiante tem marcas de padrão cambiante clássico, claramente visível no pêlo macio e semicomprido.

Coloração Fundo castanho cobre brilhante com marcas pretas fortes; traseira das pernas preta das patas aos calcanhares; admitido branco em redor dos lábios e queixo; nariz e almofadas preto ou castanho.
Compleição Grande, forte e robusto; cara triangular; cauda longa e felpuda.
Temperamento Activo, amistoso e independente; requer acesso ao jardim.

Gato norueguês dos bosques vermelho e branco

Embora as suas características sejam parecidas com as do gato do Maine, do nordeste dos Estados Unidos, o gato norueguês dos bosques é uma raça completamente à parte. A semelhança tem talvez mais a ver com os rudes estilos de vida dos antepassados de ambas as raças do que com alguma consanguinidade. Ainda que não esteja estipulada a quantidade de branco para o gato norueguês dos bosques, ele será mais vistoso quando, como aqui, as patas forem brancas e nítidas.

Coloração Nos bi ou multicores, a cor uniforme combina com o branco. A cor deve predominar, com áreas brancas localizadas na cara, peito, barriga, pernas e patas. O leque de cores é: preto, azul, vermelho e creme.

Compleição Grande, forte e robusto; cara triangular; cauda longa e felpuda.

Temperamento Activo, amistoso e independente; requer acesso ao jardim.

RAÇAS DE PÊLO SEMICOMPRIDO

Gato norueguês dos bosques tartaruga

Forte e robusto, o gato norueguês dos bosques pode ser muito brincalhão ao mesmo tempo que conserva o forte carácter independente dos seus antepassados semibravios. Gosta da companhia humana e pode ser muito afeiçoado, mas desagradam-lhe os mimos excessivos.
A pelagem sem problemas precisa de ser penteada periodicamente para manter o subpêlo, a cauda felpuda e o colar em boas condições.

Coloração Preto com desordenadas manchas de vermelho ou vermelho claro, bem definidas e diferenciadas no corpo e nas extremidades. É desejável uma mancha vermelha na cara.
Compleição Grande, forte e robusto; cara triangular; cauda longa e felpuda.
Temperamento Activo, amistoso e independente; requer acesso ao jardim.

Gato norueguês dos bosques branco

O ideal gato norueguês difere do gato do Maine por ter as pernas traseiras mais altas do que as dianteiras, e as características padrão especificarem dupla pelagem, permitida mas não desejável na raça.
O norueguês pode ser penalizado pelo tamanho reduzido e compleição esguia, por ter cabeça redonda ou quadrada, orelhas pequenas e pernas e cauda curtas. As orelhas devem ter base larga com tufos, ser colocadas alto e acompanhar a linha do corpo até ao queixo.

Coloração Nas variedades de cor sólida, o pêlo não deve ter quaisquer marcas, sombras ou qualquer outra cor além da principal. O gato branco deve ter um pêlo branco puro e reluzente. A pele do nariz e das almofadas das patas é cor de rosa.
Compleição Grande, forte e robusto; cara triangular; cauda longa e peluda.
Temperamento Activo, amistoso e independente; requer acesso ao jardim.

RAÇAS DE PÊLO SEMICOMPRIDO

Ragdoll

Tem origem na Califórnia e é raro fora dos Estados Unidos. Os primeiros ragdoll foram criados por uma Americana cuja gata branca de pêlo comprido, Josefina, foi atropelada ficando com lesões permanentes. Quando teve crias, verificou-se que tinham temperamentos particularmente serenos e relaxavam completamente quando eram apanhadas e abraçadas, fazendo lembrar uma boneca de trapos (*rag doll*). O pêlo é semicomprido e denso, macio e sedoso, caindo junto ao corpo e abrindo-se quando o gato se movimenta; é mais comprido em redor do pescoço emoldurando a cara, tem comprimento curto a médio nas pernas da frente, mas é mais comprido sobre o corpo. A cauda é felpuda.

Coloração O foca bicolor (na imagem) é fulvo pálido ou creme, com extremidades foca castanho intenso.

Compleição Comprido, musculado e peito largo; pernas com ossos fortes e cabeça grande com frontal achatado.

Temperamento Calmo, dócil e indolente; em geral, pouco exigente.

Ragdoll bicolor

O ragdoll é afeiçoado, carinhoso e tranquilo. Embora calmo e sereno, com miado suave, gosta de brincar e de ser mimado. O pêlo espesso não emaranha e por isso é fácil de cuidar; precisa apenas de ser escovado levemente no corpo e penteado na cauda e no pescoço.
O corpo é de cor clara; as extremidades – orelhas, máscara e cauda – devem ser bem definidas. A máscara tem um «V» branco invertido, a barriga é branca e as pernas também preferencialmente brancas. Não é admitido branco nas orelhas ou na cauda.

Coloração O foca bicolor (na imagem) é marfim no corpo; as extremidades são leite com chocolate.
Compleição Comprido, musculado e de peito largo, com pernas de ossos fortes e cabeça grande com frontal achatado.
Temperamento Calmo, dócil e indolente; em geral, pouco exigente.

RAÇAS DE PÊLO SEMICOMPRIDO

Ragdoll ponta de cor

O ragdoll parece suportar bem a dor, ao ponto de as suas feridas poderem passar despercebidas. Também possui temperamento muito sereno. Por isso, estes gatos estão melhor quando vivem dentro de casa, condição que parecem aceitar de bom grado. Além do ponta foca (na imagem) existem os ponta de cor chocolate, lilás e azul. O corpo de todas as variedades deve ser de cor clara e apenas ligeiramente sombreado, ao passo que as extremidades devem ser claramente definidas, de cor igual e em harmonia com a cor geral do corpo. Mesmo na variedade lilás, é exigido um bom contraste entre o corpo e as cores das extremidades. O pêlo deve ser denso, de textura sedosa e de comprimento médio. Não se admitem pêlos brancos.

Coloração Este ponta foca tem um corpo fulvo pálido ou creme com extremidades foca castanho intenso.
Compleição Comprido, musculado e de peito largo, com pernas de ossos fortes e cabeça grande com frontal achatado.
Temperamento Calmo, dócil e indolente; em geral, pouco exigente.

RAÇAS DE PÊLO SEMICOMPRIDO

Ragdoll azul enluvado

O corpo de cor clara é levemente sombreado; as extremidades (excepto patas e queixo) devem ser bem definidas, com a mesma cor e em harmonia com a do corpo. O queixo deve ser branco e prefere-se uma risca branca no nariz; as luvas das pernas da frente e patas traseiras devem ser brancas dos joelhos aos jarretes. Uma faixa branca estende-se desde o bibe, e por entre as pernas da frente, até à base da cauda.

Coloração Corpo azul esbranquiçado de tom frio; extremidades azuis, excepto nas zonas brancas.

Compleição Comprido, musculado e de peito largo, com pernas de ossos fortes e cabeça grande com frontal achatado.
Temperamento Calmo, dócil e indolente; em geral pouco exigente.

Ragdoll foca enluvado

Os ragdoll enluvados podem ter uma estreita faixa branca na cara além do branco no queixo, no peito, no bibe, na barriga e, claro, nas quatro patas. Além das formas azul e foca enluvados, existem também os ragdoll chocolate e lilás enluvados.

Coloração Corpo fulvo pálido ou creme; extremidades foca castanho, excepto nas zonas brancas.
Compleição Comprido, musculado e de peito largo, com pernas de ossos fortes e cabeça grande com frontal achatado.

Temperamento Calmo, dócil e indolente; em geral, pouco exigente.

Van turco

Conhecido por turco na Grã-Bretanha e por Van turco na Europa e nos Estados Unidos foi introduzido na Inglaterra em 1955 por Laura Lushington. Ao viajar pela região do lago Van na Turquia, ela e uma amiga ficaram encantadas com este gato e adquiriram um casal para criação. Os Van turcos também foram introduzidos, independentemente, da Turquia para os Estados Unidos, onde agora são reconhecidos por algumas associações.

Os primeiros gatos importados da Turquia tendiam a ser um pouco nervosos em relação ao contacto humano, mas os actuais possuem temperamento afeiçoado. São fortes e robustos, e têm uma ligação natural com a água – podem nadar voluntariamente se tiverem a oportunidade para isso e não se recusam a tomar banho quando são preparados para exposições.

O pêlo sedoso não tem subpêlo lanoso, sendo fácil de escovar.

Coloração Predominantemente branco; marcas arruivadas ou cremes e uma mancha branca na cara. A cauda é arruivada ou creme. Olhos azuis, âmbar, ou em mosaico.

Compleição Média e bastante forte; cabeça pequena e equilibrada.

Temperamento Amistoso, esperto e sociável.

Americano pêlo curto 110
   Cambiante 111
   Americano cambiante azul 111
   Americano cambiante tigrado 112
   Americano cambiante prateado 113
   Tartaruga 114
   Americano castanho tartaruga 114

Americano pêlo de arame 115

Britânico pêlo curto 116
   Cor uniforme 117
   Britânico preto 117
   Britânico azul 118
   Britânico chocolate 118
   Britânico creme 119
   Britânico lilás 119
   Britânico branco 120
   Cor não uniforme 121
   Britânico bicolor azul e branco 121
   Britânico bicolor creme e branco 122
   Britânico azul-creme 123
   Britânico calico (mesclado) 124
   Britânico ponta de cor 125
   Britânico esfumado 126
   Britânico malhado 127
   Britânico cambiante 128
   Britânico cambiante azul 129

Britânico cambiante vermelho 129
Britânico cambiante tigrado vermelho 130
Britânico cambiante prateado 131
Britânico sombreado 131
Britânico tartaruga 132

Cartuxo (Chartreux) 133

Europeu pêlo curto 134
   Preto malhado 135
   Cambiante tigrado 136

Invulgar de pêlo curto 137
   Bicolor 138
   Azul 139
   Calico (mesclado) 140
   Ponta de cor 141
   Prateado sombreado 142
   Esfumado 143
   Castanho cambiante 144
   Prateado cambiante 144

Manquês (Manx) 145
   Tartaruga 146

Dobrado escocês 147
   Bicolor 148
   Calico (mesclado) 148

Calçado de neve 149

RAÇAS DE PÊLO CURTO

RAÇAS DE PÊLO CURTO

Americano pêlo curto

No início do século XX, um criador britânico ofereceu um gato macho de pêlo curto cambiante vermelho com *pedigree* a um amigo dos Estados Unidos, para ser acasalado com felinos indígenas de pêlo curto. Este gato foi o primeiro com *pedigree* a surgir nos registos da CFA. Outros gatos britânicos se sucederam, incluindo um macho cambiante prateado, e o registo aumentou tanto com gatos «criados em casa» como com importados. De início, a raça foi chamada pêlo curto e depois pêlo curto doméstico; em 1966, recebeu o nome de americano pêlo curto. Para ganhar o estatuto de raça original americana, os organismos de registo aceitavam candidaturas de gatos sem *pedigree* e de gatinhos que cumprissem os padrões exigidos pela raça; em 1971, um destes gatos ganhou o prémio do melhor americano pêlo curto do ano na CFA. Apesar da influência da importação do britânico para programas de criação, o americano conservou as suas características distintas.

Coloração Aceite em quase todas as cores ou padrões. A mais conhecida e mais popular variedade é sem dúvida o cambiante prateado, mas também é apreciado o padrão clássico (marmoreado ou manchado).
Compleição Média a grande e bastante musculado; a cabeça é mais alongada, as pernas são mais compridas e as orelhas maiores do que o seu congénere britânico.
Temperamento Boa natureza, afeiçoado e pouco caseiro; bom caçador.

Cambiante

Americano cambiante azul

De temperamento muito estável, o gato americano pêlo curto é um excelente animal de estimação. É esperto e de boa natureza e dá-se bem com outras raças e com cães.
O pêlo curto e espesso é muito fácil de manter em boas condições com cuidados rotineiros. O pente mantém o pêlo limpo e este deve ser polido com a mão ou com um pano de seda para conservar o brilho. Os olhos e as orelhas são facilmente limpos com algodão humedecido, e um poste de arranhar ajuda o gato doméstico a afiar as unhas.

Coloração A cor base do pêlo do cambiante azul, incluindo os lábios e o queixo, é marfim azulado pálido com marcas azuis muito intensas. Toda a cor do pêlo tem tons quentes fulvos. A pele do nariz é «rosa velho»; as almofadas das patas são cor de rosa. Os olhos são dourados brilhantes.
Compleição Média a grande e bastante musculado; a cabeça é mais alongada, as pernas mais compridas e as orelhas maiores do que o seu congénere britânico.
Temperamento Boa natureza, afeiçoado e pouco caseiro; bom caçador.

Americano cambiante tigrado

No cambiante tigrado, as marcas devem ser densas e bem definidas, parecendo finos traços de lápis. As pernas e a cauda devem ser uniformemente listradas com braceletes. Tem vários colares distintos à volta do pescoço. A cabeça é listrada, com um distinto «M» no frontal e linhas não quebradas que partem dos olhos. Outras linhas partem da cabeça até se juntarem às marcas das espáduas. Ao longo da espinha, as linhas formam uma mancha escura e finos traços tipo lápis descem pelos flancos do corpo.

Coloração As marcas do corpo tomam a forma de linhas claras e estreitas, que descem da espinha, e tem braceletes nas pernas.

Compleição Média a grande e bastante musculado; a cabeça é mais alongada, as pernas mais compridas e as orelhas maiores do que o seu congénere britânico.

Temperamento Boa natureza, afeiçoado e pouco caseiro; bom caçador.

Americano cambiante prateado

As marcas devem ser densas e bem definidas, as pernas uniformemente listradas com braceletes, e a cauda anelada de forma uniforme. O gato deve ter vários colares não quebrados no pescoço e na parte superior do peito. Na cabeça, marcas escuras formam a letra «M», e uma linha não quebrada desce a partir do cantos exteriores dos olhos. Tem marcas em espiral nas bochechas e linhas verticais correm por trás da cabeça até às marcas das espáduas, semelhantes às da borboleta. O dorso é marcado por uma linha espinal e por uma linha paralela em cada um dos lados, estando as três linhas separadas por faixas da cor base do pêlo. Uma mancha densa nos lados do corpo deve ser rodeada por um ou mais anéis inteiros, e as marcas laterais devem ser iguais. Uma linha dupla de «botões» deve descer pelo peito e sob a barriga.

Coloração A cor base, incluindo lábios e queixo, é prata clara e pálida com densas marcas pretas. A pele do nariz é vermelho tijolo e as almofadas das patas são pretas. Os olhos podem ser azuis ou cor de avelã.
Compleição Média a grande e bastante musculado; a cabeça é mais alongada, as pernas mais compridas e as orelhas maiores do que o seu congénere britânico.
Temperamento Boa natureza, afeiçoado e pouco caseiro; bom caçador.

RAÇAS DE PÊLO CURTO

Tartaruga

Americano azul tartaruga

Em exposições, este gato pode ser penalizado por ter compleição demasiado atarracada ou esguia. Também pode perder pontos devido à obesidade ou larga ossatura. Cauda não demasiado curta, mas deve ser forte na base e adelgaçar no extremo aparentemente sem ponta.

Coloração A cor base do pêlo, incluindo lábios e queixo, é marfim azulado pálido, com marcas clássicas ou tigradas de azul muito intenso e manchas de creme bem definidas no corpo e nas extremidades. É desejável uma mancha creme na cara e o corpo banhado por tons quentes fulvos. Olhos dourados brilhantes ou avelã.

Compleição Média a grande e bastante musculado; cabeça mais alongada, pernas mais altas e orelhas maiores do que o britânico.

Temperamento Boa natureza, afeiçoado e pouco caseiro; bom caçador.

Americano castanho tartaruga

Como convém a um gato com origens bravias, o americano pêlo curto tem pêlo espesso e denso, e é vigoroso e forte. A raça mostra afecto por toda a família, mas é um gato atrevido e curioso que precisa de espaço para se movimentar.

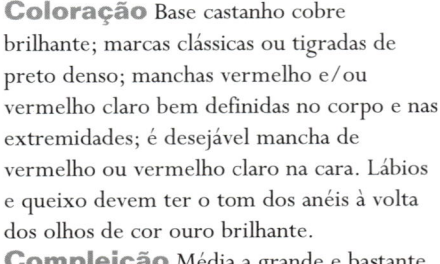

Coloração Base castanho cobre brilhante; marcas clássicas ou tigradas de preto denso; manchas vermelho e/ou vermelho claro bem definidas no corpo e nas extremidades; é desejável mancha de vermelho ou vermelho claro na cara. Lábios e queixo devem ter o tom dos anéis à volta dos olhos de cor ouro brilhante.

Compleição Média a grande e bastante musculado; a cabeça é mais alongada, as pernas mais compridas e as orelhas maiores do que o seu congénere britânico.

Temperamento Boa natureza, afeiçoado e pouco caseiro; bom caçador.

Americano pêlo de arame

O primeiro pêlo de arame foi um macho vermelho e branco chamado Adam. Começou por ser acasalado com uma companheira de ninhada de pêlo normal e depois com outras gatas não aparentadas de pêlo curto; daqui nasceu uma nova raça. Todos os americanos pêlo de arame descendem de Adam, e os animais usados para criação foram seleccionados para garantir o melhoramento e a viabilidade da raça. Diz-se que este gato governa sobre a casa e sobre as outras raças com uma «pata de ferro», mas é um pai dedicado. Correctamente alimentado é fácil de manter em boas condições e quase não precisa de ser escovado.

Coloração Admitem-se todas as cores e padrões.
Compleição Média e bem musculado; cabeça redonda, focinho bem desenvolvido e olhos grandes e redondos.
Temperamento Afeiçoado, curioso e brincalhão; fortemente independente.

RAÇAS DE PÊLO CURTO

Britânico pêlo curto

Talvez esta raça tenha evoluído a partir de gatos introduzidos nas ilhas britânicas por colonos romanos há cerca de 2000 anos. Contudo, o *pedigree* actual deste pêlo curto deve ajustar-se às rigorosas características padrão e difere bastante do gato doméstico ou do campo.

Os pêlo curto começaram a surgir nas primeiras exposições realizadas no final do século XIX; depois perderam popularidade a favor dos persa e angorá que eram importados para as exposições.

Só nos anos 30 é que houve ressurgimento da raça, e a criação selectiva produziu gatos de bom tipo e com a desejável gama de cores. De início, as cores sólidas eram preferidas às padronizadas, e os mais apreciados eram os cinzento-azulados, que por vezes recebiam estatuto de raça autónoma, tal como o britânico azul. O britânico pêlo curto sofreu um revés durante a II Guerra Mundial, quando se deixou de produzir filhotes com *pedigree* e esterilizaram os gatos. No pós-guerra, restavam poucos machos com *pedigree* e o britânico pêlo curto teve de ser cruzado com gatos de pêlo curto estrangeiros. A situação melhorou no início dos anos 50.

Coloração Admissível qualquer cor ou padrão. O mais popular é o azul uniforme (na imagem); as variedades cambiante e tartaruga também são bastante apreciadas.
Compleição Grande e muito musculado; cabeça muito larga; pernas curtas ou médias e orelhas bem separadas.
Temperamento Meigo e pouco exigente; em geral, calmo e afeiçoado.

Cor uniforme

Britânico preto

Normalmente considerado o gato «nativo» britânico, o preto é apenas uma das muitas cores e padrões deste grupo. Pensa-se que os primeiros gatos pêlo curto foram levados para a Grã-Bretanha pelos invasores romanos e que o britânico pêlo curto descende desses gatos.
Embora tenha pêlo curto, este é muito denso e precisa de ser bem penteado e escovado todos os dias. É particularmente importante habituar os gatinhos a este processo diário desde muito cedo para que, mais tarde, não se ressintam. Os olhos e as orelhas devem ser cuidadosamente limpos com algodão humedecido sempre que necessário, e o pêlo pode ser polido com um pano especial ou com um pano de seda.

Coloração O preto é das mais antigas variedades conhecida; por vezes tem um medalhão branco como defeito. Em exposições, não são admitidos pêlos brancos. Deve ter pêlo preto-azeviche até à raíz e sem manchas de ferrugem. A pele do nariz é preta e a das almofadas das patas é preta ou castanha. Olhos dourados, laranja ou cobre sem traços de verde.
Compleição Sólido e atarracado, com aspecto forte; cabeça grande e redonda; orelhas pequenas bem delineadas.
Temperamento Boa natureza; calmo e meigo; bom animal de estimação e pouco exigente.

Britânico azul

O britânico azul é uma das variedades mais populares e antigas deste grupo. Tal como todos os britânicos pêlo curto, o azul tem uma natureza doce e meiga e é um animal de estimação pouco exigente e de miado suave.

Coloração Deve ser azul uniforme e de tom azul médio a claro, sendo preferidos os tons mais claros. Não são permitidas marcas listradas ou brancas. A pele do nariz e das almofadas das patas é azul. Olhos dourados, laranja ou cobre.
Compleição Sólido e atarracado, com aspecto muito forte; cabeça grande, redonda; orelhas pequenas e bem delineadas.
Temperamento Boa natureza; calmo e meigo; bom animal de estimação e pouco exigente.

Britânico chocolate

Trata-se de cor recente nesta raça. Tal como o pêlo curto lilás, é o resultado do programa de criação do ponta de cor. É por vezes usado como cruzamento para criação do ponta de cor, porque geralmente possui o gene do característico padrão da pelagem.

Coloração O pêlo curto e felpudo deve ser castanho uniforme, intenso, escuro e sólido até à raíz, sem sombras ou marcas. Olhos amarelos, laranja ou cobre.
Compleição Sólido e atarracado, com aspecto muito forte; cabeça grande, redonda; orelhas pequenas bem delineadas.

Temperamento Boa natureza, calmo e meigo; bom animal de estimação e pouco exigente.

RAÇAS DE PÊLO CURTO

Britânico creme
É uma das cores mais difíceis de criar com êxito. Os primeiros gatos desta variedade tendiam a apresentar indesejáveis marcas cambiantes, mas a criação selectiva minimizou bastante este defeito, que, de qualquer forma, é mais visível no Verão, quando o pêlo é mais curto.

Coloração Não deve apresentar marcas cambiantes no pêlo creme intenso e claro. Não deve haver marcas brancas em lado algum e a cor creme deve ser igual até à raíz. A pele do nariz e das almofadas das patas é cor de rosa. Os olhos são dourados, cor de laranja ou cobre.

Compleição Sólido e atarracado, com aspecto muito forte; cabeça grande, redonda; orelhas pequenas bem delineadas.
Temperamento Boa natureza, calmo e meigo; excelente animal de estimação e pouco exigente.

Britânico lilás
Outra das novas cores resultantes do programa de criação do ponta de cor, o lilás tem um atraente pêlo cinzento rosado. Tal como outros britânicos pêlo curto, o lilás possui uma natureza doce e meiga. Em geral, é calmo, esperto e responde bem aos afectos.

Coloração O pêlo curto e felpudo é cinzento uniforme, sólido e frio com matizado rosa. Olhos laranja ou cobre.
Compleição Sólido e atarracado, com aspecto muito forte; cabeça grande, redonda; orelhas pequenas bem delineadas.

Temperamento Boa natureza, calmo e meigo; excelente animal de estimação e pouco exigente.

Britânico branco

Surge em três variedades, tal como o persa branco: olhos laranja; olhos azuis (na imagem); e olhos em mosaico. Cada uma tem a própria designação de raça. Os adultos têm pêlo branco puro e brilhante, mas os gatinhos podem apresentar marcas pálidas na cabeça, bom sinal do tipo genético do gato. Um filhote de branco com base azul, por exemplo, pode apresentar marcas azuis pálidas, ao passo que um de base preta pode apresentar marcas pretas – é uma das poucas raças que por vezes exibe os genes no frontal.
O comprimento da cauda deve ser proporcional ao corpo e espessa na base, estreitando até à ponta arredondada.

Coloração O pêlo curto branco, de bom tipo para exibição, é dos mais belos. O pêlo deve ser branco puro sem sinais de manchas amarelas; a pele do nariz e das almofadas das patas é rosa. Os de olhos azuis são de intenso azul safira e pode ser penalizado se tiver orlas ou pontos verdes nos olhos. Os de olhos laranja são de laranja intenso, dourados ou cobre. Os de olhos em mosaico tem um olho laranja e outro azul.
Compleição Sólido e atarracado, com aspecto muito forte; cabeça grande, redonda; orelhas pequenas bem delineadas.
Temperamento Boa natureza, calmo e meigo; excelente animal de estimação e pouco exigente.

RAÇAS DE PÊLO CURTO

Cor não uniforme

Britânico bicolor azul e branco
Os bicolores têm a cor padrão com branco. É importante que as marcas estejam distribuídas da forma mais simétrica possível para dar um aspecto equilibrado.
Podem ser pretos e brancos, azuis e brancos (na imagem), vermelhos e brancos ou cremes e brancos; não devem apresentar marcas cambiantes nas zonas de cor uniforme. As marcas que constituem as porções de cor uniforme devem começar imediatamente atrás dos ombros, em redor do centro do corpo e incluir a cauda e as pernas traseiras, nas quais as patas serão brancas.

Coloração É desejável a simetria e o branco não deve ultrapassar metade do gato. A cor uniforme deve ser em tom médio de azul. As orelhas e a máscara devem ter cor uniforme; branco nos ombros, pescoço, pernas dianteiras e patas, queixo, lábios e frente do focinho. A pele do nariz e das almofadas das patas é geralmente rosa. Olhos dourados, laranja ou cobre.
Compleição Sólido e atarracado, com aspecto muito forte; cabeça grande, redonda; orelhas pequenas bem delineadas.
Temperamento Boa natureza, calmo e meigo; excelente animal de estimação e pouco exigente.

Britânico bicolor creme e branco

Ao contrário do seu congénere persa, o britânico bicolor foi sempre uma raça popular, em parte porque o seu carácter torna-o num excelente animal de estimação – afeiçoado, esperto e sociável. Além disso, o pêlo é fácil de cuidar e não tem requisitos dietéticos especiais.

Em exposições, o bicolor pode ser penalizado por marcas tigradas ou cambiantes e será desqualificado se as zonas brancas forem predominantes.

Coloração É desejável a simetria e o branco não deve ultrapassar metade do gato. Orelhas e máscara devem ter cor uniforme; branco nos ombros, pescoço, pernas dianteiras e patas e frente do focinho. A pele do nariz e das almofadas das patas é rosa. Olhos dourados, laranja ou cobre.

Compleição Sólido e atarracado, com aspecto muito forte; cabeça grande, redonda; orelhas pequenas bem delineadas.

Temperamento Boa natureza, calmo e meigo; excelente animal de estimação e pouco exigente.

RAÇAS DE PÊLO CURTO

Britânico azul creme

A variedade tartaruga esbatida é uma variedade apenas de fêmeas, resultante de cruzamentos entre o britânico azul e creme, creme e tartaruga ou azul e tartaruga. Contudo, este gato apresenta as mesmas características normais do britânico pêlo curto, incluindo a típica pelagem curta e densa e a cauda bastante curta e pontiaguda.

Coloração No Reino Unido, o padrão exige que o pêlo seja mesclado com os dois tons, mas, nos Estados Unidos, exige-se que a variedade tenha pêlo azul com manchas creme. A pele do nariz e das almofadas das patas é azul e/ou rosa. Olhos dourados, laranja ou cobre.

Compleição Sólido e atarracado, com aspecto muito forte; cabeça grande; redonda; orelhas pequenas bem delineadas.

Temperamento Boa natureza, calmo e meigo; excelente animal de estimação e pouco exigente.

Britânico calico (mesclado)

Por vezes, designado por tartaruga-e-
-branco, o mesclado é muito difícil de
criar segundo o padrão da alta
competição. Deve apresentar
equilíbrio entre o preto e o vermelho,
tanto claros como escuros, sobre
branco.
Pode ser penalizado por ter marcas
cambiantes, cor uniforme nas patas e
marcas desiguais; será desqualificado
se o branco dominar.

Coloração Devem ser brilhante e não
deve apresentar listras ou marcas
cambiantes. As manchas devem cobrir o
topo da cabeça, orelhas, bochechas, dorso,
cauda e parte dos flancos. Deve ter uma
estrela branca na parte inferior da cara. A
pele do nariz e das almofadas das patas é
rosa e/ou preta; olhos dourados, laranja ou
cobre ou avelã.

Compleição Sólido e atarracado, com
aspecto muito forte; cabeça grande,
redonda; orelhas pequenas bem delineadas.

Temperamento Boa natureza, calmo e
meigo; excelente animal de estimação e
pouco exigente.

Britânico ponta de cor

Nos anos 70, foi elaborado um programa para se produzir um gato tipo britânico pêlo curto, mas com a pelagem do ponta de cor ou himalaiano própria do siamês. O factor foi introduzido através de acasalamentos com gatos ponta de cor de pêlo comprido, pois este tipo era mais parecido com o britânico do que com o siamês de cara alongada.

Coloração As cores típicas do ponta de cor, incluindo foca, azul, chocolate, lilás, vermelho e creme, assim como cores associadas do cambiante e tartaruga-cambiante. A do ponta de cor tartaruga lilás (na imagem) é quase etérea: as extremidades estão mescladas com tons delicados de lilás e creme. Embora as características padrão exijam que a cor dos olhos seja azul claro bem definido, esta cor é muito difícil de obter.

Compleição Sólido e atarracado, com aspecto muito forte; cabeça grande, redonda; orelhas pequenas bem delineadas.

Temperamento Boa natureza, calmo e meigo; excelente animal de estimação e pouco exigente.

Britânico esfumado

Os gatos com padrão esfumado têm as cores padronizadas, mas, em vez de a cor ser igual até à raíz, o subpêlo é branco ou prateado. Em repouso, o gato parece ter cor uniforme, mas, em movimento, o subpêlo branco ou prateado é visível, dando um aspecto de seda raiada. Em cada subvariedade, a pele do nariz, das almofadas das patas e os olhos são de cor igual à principal. Este esfumado pêlo curto é criado em diversas cores, mas cada associação tem uma gama limitada das que são oficialmente reconhecidas.

Coloração No preto esfumado (na imagem), o subpêlo branco ou prateado é intensamente pontilhado com preto. Em repouso, parece preto mas em movimento, o subpêlo fica visível. A pele do nariz e das almofadas das patas é preta. Olhos dourados ou cobre. No azul esfumado, o subpêlo é branco ou prateado, pontilhado com azul. Em repouso, parece azul, mas, tal como o preto, em movimento, o subpêlo é visível. A pele do nariz e das almofadas das patas é azul. Olhos dourados ou cobre.

Compleição Sólido e atarracado, com aspecto muito forte; cabeça grande, redonda; orelhas pequenas bem delineadas.

Temperamento Boa natureza, calmo e meigo; excelente animal de estimação e pouco exigente.

Britânico malhado

Outro padrão cambiante classificado à parte e muitas vezes considerado o mais belo, o britânico malhado tem padrão semelhante ao dos gatos bravos e foi sempre muito procurado. As malhas podem ser redondas, ovais, oblongas ou em forma de roseta. As marcas da cabeça devem ser iguais às exigidas para o cambiante clássico. As pernas e a cauda devem ser claramente malhadas com anéis quebrados. Os gatos malhados podem ser penalizados se as malhas não forem distintas e por terem listras, excepto na cabeça.

Coloração No malhado prateado (na imagem), as densas marcas pretas estão sobre um fundo de pêlo prateado muito pálido. No malhado azul, o padrão consiste em malhas cinzentas-azuladas sobre um fundo mais claro, com suficiente diferença de cor para haver um bom contraste entre as marcas e a base do pêlo. O padrão exige que as malhas sejam tão numerosas e tão bem definidas quanto possível, com malhas ou anéis quebrados na cauda. A presença de branco no pêlo é considerado um defeito. Olhos mesma cor da pelagem.

Compleição Sólido e atarracado, com aspecto muito forte; cabeça grande, redonda; orelhas pequenas bem delineadas.

Temperamento Boa natureza, calmo e meigo; excelente animal de estimação e pouco exigente.

Britânico cambiante

As marcas devem ser fortes e bem definidas, as pernas listradas de forma uniforme com braceletes e a cauda deve ter anéis bem distribuídos. Deve apresentar vários colares no pescoço e na parte superior do peito. Na cabeça, marcas escuras formam a letra «M», e uma linha não quebrada desce a partir dos cantos exteriores dos olhos. Existem várias marcas em espira nas bochechas e linhas verticais que partem de trás da cabeça até às marcas dos ombros. O dorso é marcado com uma linha espinal e uma linha paralela de cada lado. A mancha sólida nos dois lados do corpo deve ser rodeada por um ou mais anéis inteiros completos, e as marcas laterais devem ser iguais.

Coloração Vasta gama de cores, embora as associações de todo o mundo tenham regras consideravelmente diferentes. As variedades podem ser penalizadas pela cor incorrecta dos olhos, branco em alguma zona e marcas incorrectas.

Compleição Sólido e atarracado, com aspecto muito forte; cabeça grande, redonda; orelhas pequenas bem delineadas.

Temperamento Boa natureza, calmo e meigo; excelente animal de estimação e pouco exigente.

RAÇAS DE PÊLO CURTO

Britânico cambiante azul

Neste, tal como noutros britânicos cambiantes, há três padrões: clássico, tigrado e malhado. Nas variedades esbatidas, como este, o padrão é mais difuso.

Coloração A base, incluindo lábios e queixo, deve ser marfim azulado e pálido, com marcas azuis muito intensas, que contrastam com a base. Deve existir uma pátina fulva quente cobrindo o corpo. A pele do nariz é rosa velho; as almofadas das patas são rosa. Olhos dourados ou cobre.

Compleição Sólido e atarracado, com aspecto muito forte; cabeça grande, redonda; orelhas pequenas bem delineadas.

Temperamento Boa natureza, calmo e meigo; excelente animal de estimação e pouco exigente.

Britânico cambiante vermelho

Este gato (na imagem) tem o típico padrão clássico sobre base vermelha mais clara. Os desejados colares não quebrados ser visíveis em redor do pescoço. Tal como todos os britânicos pêlo curto, este tem pernas curtas e corpo forte e bastante musculado.

Coloração A cor de base é vermelha, incluindo lábios e queixo. As marcas são de vermelho forte, bem distinto da cor de base. A pele do nariz e das almofadas das patas é vermelho tijolo. Olhos dourados, laranja ou cobre.

Compleição Sólido e atarracado, com aspecto muito forte; cabeça grande, redonda; orelhas pequenas bem delineadas.

Temperamento Boa natureza, calmo e meigo; excelente animal de estimação e pouco exigente.

Britânico cambiante tigrado vermelho

As marcas devem ser densas, bem definidas e parecidas com linhas estreitas. As pernas e a cauda devem estar marcadas de modo uniforme com finos aneis. Vários colares estreitos à volta do pescoço. A cabeça é marcada com um distinto «M» no frontal, e linhas não quebradas partem dos olhos. Outras linhas correm sobre a cabeça de encontro às marcas dos ombros. Ao longo da espinha, as linhas formam uma mancha escura, e marcas finas como traços de lápis descem desde a espinha até os lados do corpo.

Coloração As linhas descem da espinha, mas as marcas são iguais às de outros cambiantes.

Compleição Sólido e atarracado, com aspecto muito forte; cabeça grande, redonda; orelhas pequenas bem delineadas.

Temperamento Boa natureza, calmo e meigo; excelente animal de estimação; pouco exigente.

RAÇAS DE PÊLO CURTO

Britânico cambiante prateado

Este padrão fica muito bem em preto sobre prateado. Os colares e as linhas dos olhos devem ser bem definidos. Todos os cambiantes têm natureza afeiçoada e dão bons animais de estimação, mas este é considerado especialmente amistoso.

Coloração Prateado claro, incluindo lábios e queixo, e marcas densas e pretas. A pele do nariz é vermelho tijolo; as almofadas das patas são pretas. Olhos verdes ou avelã.
Compleição Sólido e atarracado, com aspecto muito forte; cabeça grande, redonda; orelhas pequenas bem delineadas.

Temperamento Boa natureza, calmo e meigo; excelente animal de estimação e pouco exigente.

Britânico sombreado

Variedade relativamente recente, o sombreado foi produzido pela introdução do chinchila no programa de criação britânico. O resultado é um gato de pêlo curto de tipo britânico, mas com o pêlo sombreado e brilhante muito típico do chinchila.

Coloração Variedade geneticamente prateada, a cor está restringida às pontas dos pêlos; o subpêlo é tão claro que parece branco. Olhos laranja intenso ou cobre, excepto no sombreado preto (na imagem) em que são verdes.
Compleição Sólido e atarracado, com aspecto muito forte; cabeça grande, redonda; orelhas pequenas bem delineadas.

Temperamento Boa natureza, calmo e meigo; excelente animal de estimação e pouco exigente.

Britânico tartaruga

Uma mistura de diferentes cores torna este gato muito atraente, com a particularidade, nesta variedade, de não haver dois gatos iguais. Tal como todas as raças tartaruga, é uma variedade apenas de fêmeas e é criada numa larga gama de cores.

Coloração As marcas pretas e vermelhas, tanto escuras como claras, devem ser uniformes na cabeça, corpo, pernas e cauda. As cores devem ser brilhantes, sem imprecisões, riscas ou manchas cambiantes, e sem marcas brancas. É desejável uma estrela vermelha na parte inferior da cara. A pele do nariz e almofadas das patas devem ser rosa e/ou preta. Olhos dourados, laranja ou cobre.

A variedade é penalizada por imprecisões, marcas cambiantes, cor não uniforme e patas com cores diferentes; é desqualificada por qualquer marca branca.

Compleição Sólido e atarracado, com aspecto muito forte; cabeça grande, redonda; orelhas pequenas bem delineadas.

Temperamento Boa natureza, calmo e meigo; excelente animal de estimação e pouco exigente.

RAÇAS DE PÊLO CURTO

Cartuxo (Chartreux)

Nativo de França, diz-se que o chartreux foi criado exclusivamente por monges cartuxos no século XVI. Estes monges viviam num mosteiro perto de Grenoble, cidade famosa pelo seu licor, conhecido por chartreuse. A obra do naturalista Georges Louis Buffon, *Histoire Naturelle*, publicada em 1756, regista pormenores do felino de cor azul e, na década de 30 do século XX, um veterinário francês sugeriu que a raça devia ter o seu nome próprio científico: *Felis catus cartusianorum*. O cartuxo actual não deve ser confundido com o britânico azul ou com o europeu azul de pêlo curto. Tem uma compleição maciça, com uma característica cabeça bochechuda, mais pronunciada no macho do que na fêmea, e é uma raça que apenas se encontra na cor azul. O gato precisa de ser penteado regularmente para manter em boas condições o subpêlo lanoso, e escovado para reforçar o modo como o pêlo se expande do corpo – uma característica da raça.

Coloração Azul acinzentado do pálido ao escuro; tons claros são preferidos e é essencial que sejam uniformes. Olhos do amarelo intenso ao cobre escuro.
Compleição Médio a grande, sólido, musculado; cabeça forte e crânio largo.
Temperamento Seguro de si e afeiçoado; é mais feliz se viver dentro de casa.

RAÇAS DE PÊLO CURTO

Europeu pêlo curto

Raça de exibição desenvolvida naturalmente a partir do gato indígena da Europa continental. As características padrão são semelhantes ao do britânico pêlo curto, desde que não tenha qualquer mistura de outras raças. Os primeiros descendiam de gatos introduzidos no Norte da Europa pelos romanos, que trouxeram os seus gatos para manter os ratos afastados dos depósitos de comida.

O pêlo curto e denso é fácil de cuidar: precisa só de ser penteado alguns minutos diários. Olhos e orelhas devem ser regularmente limpos com algodão humedecido.

Coloração Todas as cores e padrões, incluindo os cambiantes clássico, o tigrado (na imagem) e o malhado. Todas as marcas devem ser bem definidas sobre um fundo mais claro.

Compleição Média; cabeça grande e redonda; olhos redondos afastados.

Temperamento Sereno e de boa natureza; gato ideal de família.

Europeu pêlo curto preto malhado

Muitos europeus pêlo curto têm antepassados britânicos e surgem numa gama semelhante de cores e padrões de pêlo. Os cambiantes prateados são especialmente populares, embora também existam vermelhos, cremes e azuis-creme. O europeu pêlo curto preto malhado é a versão preta do prateado malhado. Possui as bem definidas marcas nos flancos, mas o padrão tende a formar listras tigradas sobre as costelas.

Coloração No grupo cambiante prateado, as marcas são da principal cor variante sobre uma base prateada clara. Não deve haver pêlos marcados ou riscados no padrão. Os três padrões cambiantes – clássico, tigrado e malhado – são aceites, e as seis variedades admitidas são: prateado preto, prateado azul, prateado vermelho, prateado creme, prateado tartaruga preto e prateado tartaruga azul. Olhos verdes, amarelos ou laranja; os verdes são preferidos.

Compleição Média; cabeça grande e redonda; olhos redondos afastados.

Temperamento Sereno e de boa natureza; gato ideal de família.

RAÇAS DE PÊLO CURTO

Europeu pêlo curto cambiante tigrado

É um gato territorial e pode ser aguerrido em relação a outros gatos que invadam o seu território. Contudo, é afeiçoado aos seus proprietários, e as fêmeas, em especial, ficam muito ligadas a todos os familiares que habitam a casa em que se integram.

Esta raça reproduz-se bastante se tiver oportunidade para isso, produzindo maiores ninhadas do que as outras raças. São de grande longevidade.

Coloração O grupo cambiante não prateado pode ter padrão de pêlo manchado (no estilo cambiante clássico), tigrado ou malhado. As seis variedades aceites são: cambiantes preto, azul, vermelho (na imagem, num padrão tigrado), creme, tartaruga preto e tartaruga azul. Podem ter olhos verdes, amarelos ou laranja.
Compleição Média; cabeça grande e redonda; olhos redondos afastados.
Temperamento Sereno e de boa natureza; gato ideal de família.

RAÇAS DE PÊLO CURTO

Invulgar de pêlo curto

No desenvolvimento de gatos pêlo curto britânico e americano, e durante a introdução de factores alternativos de cor nos persas, os criadores cruzavam ocasionalmente gatos com *pedigree* das variedades de pêlo comprido e pêlo curto. Isto era feito como simples exercício e os gatos resultantes eram cruzados novamente com a raça principal, durante várias gerações, para se fortalecer os traços desejados. Durante os anos 60, os gatos de linhagem misturada pêlo curto e persa receberam, com a aprovação da CFA, o nome de raça invulgar de pêlo curto. A raça, essencialmente, é uma versão de pêlo curto do típico persa, com a compleição deste, mas com pêlo que é fácil de cuidar. Este mantém-se separado do corpo e é mais comprido do que o pêlo curto britânico ou americano.

Coloração O invulgar pêlo curto creme de cor uniforme (na imagem) deve ter um tom brilhante em todo o corpo, sem manchas ou marcas; preferem-se os tons mais claros. A pele do nariz e das almofadas das patas é rosa. Olhos cobre brilhante.
Compleição Média; rechonchudo, cabeça grande, redonda; orelhas para baixo.
Temperamento Boa natureza e afeiçoado; pouco exigente.

RAÇAS DE PÊLO CURTO

Invulgar bicolor

Este gato deve ter manchas de cor claras e bem distribuídas. A cara deve estar manchada com cor e branco. Além dos bicolores referenciados quando abordamos o americano pêlo curto, existem três formas de cor «Van». O pêlo do Van bicolor é branco com manchas lisas de preto, azul, vermelho ou creme confinadas à cabeça, cauda e pernas, embora se admita uma ou duas pequenas manchas coloridas no corpo. O pêlo do Van tricolor é branco com manchas lisas de preto e vermelho confinadas à cabeça, cauda e pernas, embora sejam admitidas até três pequenas manchas coloridas no corpo.
O pêlo do Van azul-creme-e-branco é branco com manchas lisas de azul e creme confinadas à cabeça, cauda e pernas, embora sejam permitidas no corpo uma ou duas pequenas manchas coloridas.

Coloração Branco com manchas lisas de preto, azul (na imagem), vermelho ou creme, tal como no americano pêlo curto. A pele do nariz e das almofadas das patas é da cor básica do pêlo. Olhos cobre brilhante.
Compleição Média; rechonchudo; cabeça grande redonda, orelhas para baixo.
Temperamento Boa natureza e afeiçoado; pouco exigente.

RAÇAS DE PÊLO CURTO

Invulgar azul

O invulgar de pêlo curto possui temperamento calmo, meigo e sereno. É ideal para exibição, fácil de preparar e que gosta de ser mimado e admirado.
O pêlo de comprimento médio é muito fácil de pentear; isto deve ser feito desde a cauda até à cabeça para que o pêlo se separe do corpo. Uma alimentação correcta mantém a boa condição física e o brilho do pêlo. Os olhos e as orelhas devem ser limpos com algodão humedecido.

Coloração O mesmo tom de azul desde o nariz à ponta da cauda e igual até à raíz; preferem-se os tons mais claros. Pele do nariz e das almofadas das patas azul; olhos cobre brilhante.
Compleição Média; rechonchudo; cabeça grande redonda, orelhas para baixo.
Temperamento Boa natureza e afeiçoado; pouco exigente.

RAÇAS DE PÊLO CURTO

Invulgar calico (mesclado)

O invulgar de pêlo curto é a raça ideal para quem procura um gato do verdadeiro tipo persa, mas não tem o tempo necessário para cuidar correctamente do seu exigente pêlo comprido. De facto, o invulgar é a versão em pêlo curto dos seus antepassados persas, e os padrões de exibição para as duas raças, exceptuando no pêlo, são quase idênticos.

Coloração O pêlo é branco com malhas lisas de preto e vermelho; o branco é predominante nas partes inferiores. Os olhos são cor de cobre brilhante. O invulgar mesclado esbatido (na imagem), também conhecido por mosqueado azul e branco, tem manchas bem distribuídas de azul, creme pálido e branco.

Compleição Média; rechonchudo; cabeça grande redonda, orelhas para baixo.

Temperamento Boa natureza e afeiçoado; pouco exigente.

RAÇAS DE PÊLO CURTO

Invulgar ponta de cor

Outro descendente do americano pêlo curto, o invulgar de pêlo curto foi desenvolvido através da criação selectiva do americano pêlo curto cruzado com raças de pêlo comprido ou persas. O invulgar ponta de cor tem aspecto himalaiano, corpo pálido e cor nas extremidades – cara, cauda, pernas e patas. O gato é o ponta de cor cambiante azul.

Coloração Admitem-se as seis cores principais: foca, azul, chocolate, lilás, vermelho e creme; as cores associadas tartaruga, cambiante e tartaruga-cambiante também são aceites. Deve haver um bom contraste entre a cor do corpo e a das extremidades; estas não devem ter pêlos brancos e o corpo não deve ter manchas, as quais, se presentes, devem ter o mesmo tom das extremidades. Pele do nariz e das almofadas das patas igual à cor das extremidades. Olhos azuis claros.
Compleição Média; rechonchudo; cabeça grande redonda, orelhas para baixo.
Temperamento Boa natureza e afeiçoado; pouco exigente.

RAÇAS DE PÊLO CURTO

Invulgar prateado sombreado

O pêlo de todos os invulgares de pêlo curto é uma característica proeminente. Deve ter comprimento médio, mas ser felpudo e macio. Não deve estar rente ao corpo nem parecer muito solto, tendo uma natureza intermédia. São animais de estimação ideais, com as características dos seus principais antepassados (raças de pêlo comprido e americanos pêlo curto), mas com a vantagem de não precisarem de cuidados regulares com o pêlo como o genuíno pêlo comprido ou persa.

Coloração Subpêlo branco puro e pêlo exterior bem sombreado com preto para formar um manto sobre o dorso, lados, cara e cauda, passando gradualmente do escuro no dorso ao branco no queixo, peito, barriga e sob a cauda. Pernas do mesmo tom da cara. Aspecto geral mais sombreado do que o chinchila. Orlas dos olhos, lábios e nariz contornados com preto. Pele do nariz vermelho tijolo; almofadas das patas pretas. Olhos verdes ou verdes azulados.

Compleição Média; rechonchudo; cabeça grande redonda, orelhas para baixo.

Temperamento Boa natureza e afeiçoado; pouco exigente.

RAÇAS DE PÊLO CURTO

Invulgar esfumado

É o resultado da criação selectiva entre o americano pêlo curto e os melhores gatos de pêlo comprido ou persas. Por isso, o gato é de tipo persa, rechonchudo, cabeça redonda e maciça, mas o pêlo denso e macio é mais curto e mais fácil de cuidar. Os olhos são uma característica distinta: enormes, bem afastados e expressão doce. As ninhadas são em média de quatro crias. Os gatinhos são mais escuros do que os pais, as cores verdadeiras surgem quando amadurecem.

Coloração O invulgar esfumado pode apresentar qualquer cor admitida no grupo invulgar, mas em vez de ter um tom igual desde a ponta do pêlo até à raíz, a base de cada pêlo é em branco prateado. Não deve haver marcas cambiantes, e o contraste entre o pêlo exterior e o subpêlo deve ser forte. A pele do nariz e das almofadas das patas deve corresponder à cor do pêlo. Os olhos devem ser cor de cobre, laranja ou dourado sólido.
Compleição Média; rechonchudo; cabeça grande redonda, orelhas para baixo.
Temperamento Boa natureza e afeiçoado; pouco exigente.

RAÇAS DE PÊLO CURTO

Invulgar castanho cambiante

Os defeitos comuns de padrão neste invulgar são: cauda curta ou deformada, olhos que contrastam com a cor do pêlo e cabeça demasiado pequena. Na raça, os olhos devem ser grandes, redondos e bem separados. As orelhas pequenas e redondas, apontam para baixo.

Coloração O invulgar tartaruga cambiante é admitido em castanho, azul, chocolate e lilás. O invulgar malhado cambiante, na mesma gama de cor dos cambiantes clássico e tigrado, possui marcas redondas, ovais ou em roseta definidas com cor distinta na base clara do pêlo.
Compleição Média; rechonchudo; cabeça grande redonda, orelhas para baixo.
Temperamento Boa natureza e afeiçoado; pouco exigente.

Invulgar prateado cambiante

É admitido nos padrões clássico e tigrado, mas a intensidade das marcas escuras é reduzida pela densidade do pêlo quando estão sobre fundo prateado. O gato da imagem tem a pele do nariz vermelho tijolo própria desta variedade.

Coloração Admitem-se as seguintes cores: prateado, castanho, azul, chocolate, lilás, vermelho e creme. Requisitos de cor iguais às variedades equivalentes no britânico pêlo curto, excepto na cor dos olhos, que é cobre brilhante no invulgar.

Compleição Média; rechonchudo; cabeça grande redonda, orelhas para baixo.
Temperamento Boa natureza e afeiçoado; pouco exigente.

RAÇAS DE PÊLO CURTO

Manquês (Manx)

São abundantes as lendas e os contos de fadas que explicam as origens desta singular raça sem cauda, mas a ciência moderna diz que o seu aspecto se deve a um gene mutante dominante. A mutação original deve ter ocorrido há muitos anos, pois os gatos da Ilha de Man são conhecidos desde 1900. Embora seja uma raça antiga, os gatos manqueses continuam a ser raros. As fêmeas produzem ninhadas pequenas como resultado directo do gene rabão. Este factor é um gene semiletal, e o manquês homozigótico – o que herda o gene rabão de ambos os pais – morre no útero num estádio muito curto do seu desenvolvimento fetal. O manquês que nasce vivo é o heterozigótico – o que herda apenas um gene rabão - o outro membro do par de genes determina uma cauda normal.

Normalmente, os criadores cruzam manqueses sem cauda com manqueses de cauda normal para conservar o tipo correcto de corpo.
O pêlo duplo do manquês necessita de boa alimentação e de cuidados regulares. Deve ser penteado até à raíz e polido com as mãos, com uma luva de polir ou com um pano de seda.

Coloração Todas as cores e padrões são admissíveis.
Compleição Média, com cabeça redonda e nariz largo e direito. As pernas traseiras são mais altas do que as dianteiras.
Temperamento Esperto, pouco caseiro, afeiçoado.

RAÇAS DE PÊLO CURTO

Manquês tartaruga

É admitido em muitas variedades de cor. Cada uma das variedades tem exactamente os mesmos requisitos de cor do seu equivalente americano pêlo curto, excepto na cor dos olhos. Ao contrário das variedades do americano pêlo curto com brilhantes olhos dourados, o manquês deve ter olhos cor de cobre brilhante.
As variedades de cor admitidas são: preto, azul, vermelho, creme, tartaruga, azul-creme, mesclado, mesclado esbatido, chinchila, prateado sombreado; esfumado preto, tigrado e cambiante.

Coloração Qualquer cor ou padrão, exceptuando as que apresentam hibridismo que resulte no padrão himalaiano ou ponta de cor. A cor dos olhos deve corresponder à cor predominante do pêlo do gato.
Compleição Média; cabeça redonda e nariz largo e direito. As pernas traseiras são mais altas do que as dianteiras.
Temperamento Esperto, pouco caseiro, afeiçoado.

Dobrado (Fold) escocês

O primeiro dobrado nasceu numa ninhada de crias normais, em 1961, numa quinta escocesa. Um criador, reparou no gatinho de orelhas curiosas e dobradas e interessou-se por adquirir um. Dois anos mais tarde, a mãe gata, Susie, deu à luz duas crias com orelhas dobradas, e William Ross recebeu uma delas. Iniciou-se um programa de criação, mas quando se descobriu que alguns dos novos gatos com orelhas dobradas também tinham caudas e membros mais grossos, o organismo de registos baniu os dobrados escoceses de todas as exposições. Os criadores britânicos, acabaram por registá-los em associações estrangeiras, e o centro de actividade desta raça mudou-se para os Estados Unidos. Actualmente, os dobrados são cruzados com britânicos pêlo curto na Grã-Bretanha, e com americanos pêlo curto nos Estados Unidos, ou com escoceses de orelhas erectas. As orelhas dobradas devem-se à acção de um único gene dominante e todos os dobrados devem ter, pelo menos, um dos pais com orelhas dobradas.

Coloração Todas as cores aceitáveis. A cor dos olhos deve corresponder à cor do pêlo, e cada variedade tem requisitos de cor idênticos à variedade equivalente do americano pêlo curto.
Compleição Média; rechonchudo; frontal achatado, olhos grandes e redondos.
Temperamento Boa natureza e meigo; apesar das curiosas orelhas, a raça tem audição perfeitamente normal.

RAÇAS DE PÊLO CURTO

Dobrado escocês bicolor

O pêlo curto e denso é conservado em boas condições com cuidados mínimos, e as orelhas dobradas devem ser cuidadosamente limpas nas dobras com um pedaço de algodão humedecido.

Coloração Os requisitos de cor para o dobrado escocês bicolor são idênticos ao equivalente americano pêlo curto.
Compleição Média; rechonchudo; frontal achatado, olhos grandes e redondos.
Temperamento Boa natureza e meigo; apesar das curiosas orelhas, a raça tem audição perfeitamente normal.

Dobrado escocês mesclado

É carinhoso, sereno e sociável, que adora tanto os humanos como os outros animais de estimação. A fêmea é uma mãe admirável e os filhotes são bastante precoces.

Coloração Os requisitos de cor para o dobrado escocês mesclado são idênticos aos do equivalente americano de pêlo curto.
Compleição Média; rechonchudo; frontal achatado, olhos grandes e redondos.
Temperamento Boa natureza e meigo; apesar das curiosas orelhas, a raça tem audição perfeitamente normal.

Calçado de neve (*snowshoe*)

O snowshoe, ou debrum de prata, é raro, mesmo nos Estados Unidos onde começou a ser criado. Combina a compleição robusta do americano pêlo curto com o comprimento de corpo do siamês; a cor é himalaiana ou siamesa, mas as patas brancas como no birmane. O pêlo não precisa de grandes cuidados, e as patas podem ser mantidas limpas se escovadas com pó adequado para evitar a descoloração.

Coloração Igual ao dos pontas de cor.
Compleição Méida; musculado; cara triangular; olhos grandes, orelhas espetadas.
Temperamento Boa natureza, amistoso, esperto.

Abexim 152
Azul 153
Cor de canela 153

Asiático 154
Cambiante 155
Esfumado 155

Bengali 156
Leopardo malhado 157
Neve 158

Bombaim 159

Birmanês 160
Azul 161
Champanhe 162
Creme 162
Platinado 163
Vermelho 163
Tartaruga 164

Birmanila 165
Sombreado 166
Pontilhado 167

Rex da Cornualha 168
Esfumado 169
Tartaruga 169

Rex de Devon 170
Tartaruga 171
Ponta de cor 171

Mau egípcio 172

Havanês castanho 173

Rabão japonês 174

Korat 175

Malaio 176

Ocegato 177

Russo azul 178

Singapura 179

Somali 180
Chocolate não prateado 181
Fulvo não prateado 181
Prateado 182
Prateado vermelho 182

Esfinge (Sphynx) 183

EXÓTICOS DE PÊLO CURTO

EXÓTICOS DE PÊLO CURTO

Abexim (Abissínio)

Não existem provas que liguem o gato abexim – que foi levado da Etiópia para a Inglaterra em 1868 – aos actuais gatos com *pedigree*. O abexim moderno é uma raça bem estabelecida em todo o mundo. Foi chamado «filho dos deuses» devido à sua forte semelhança com os gatos sagrados dos antigos Egípcios. Independentemente da cor, todos têm pêlo riscado pouco vulgar, conhecido como agutí, ou padrão bravio.

A criação selectiva resultou na redução das listras naturais cambiantes encontradas geralmente na cara, pescoço, cauda e partes inferiores; o actual gato de exibição tem pêlo rubro brilhante e riscado, bastante parecido com a lebre.

Coloração A cor comum é rubra e geneticamente preta – os pêlos dourados têm duas ou três faixas de preto. A pelagem é rubro acastanhada com marcas pretas; a cor base é damasco ou cor de laranja. A ponta da cauda e das orelhas é preta, e a orla dos olhos também; a pele do nariz é vermelho tijolo (pode ser contornado por preto). As almofadas das patas, traseira das patas e tufos dos dedos são castanho ou preto foca. Olhos dourados ou verdes; preferem-se as cores carregadas e fortes.

Compleição Média; musculado e ágil; cabeça arredondada, cuneiforme de contornos suaves.

Temperamento Agradável, esperto, pouco caseiro; enfraquece se não tiver companhia.

EXÓTICOS DE PÊLO CURTO

Abexim azul

O pêlo é fácil de manter imaculado e as grandes orelhas devem ser regularmente limpas com um pedaço de algodão humedecido.

Coloração Azul acinzentado quente com marcas escuras azul acinzentado metálico; base fulvo/creme pálido. Ponta da cauda e das orelhas azul acinzentado metálico escuro; orla dos olhos azul acinzentado. Pele do nariz rosa velho (pode ser contornado com azul acinzentado); almofadas das patas rosa velho/azul acinzentado; traseiras das patas e tufos dos dedos azul acizentado metálico. Olhos dourados ou verdes.

Compleição Média; musculado e ágil; cabeça arredondada, cuneiforme de contornos suaves.

Temperamento Agradável, esperto, pouco caseiro; enfraquece se não tiver companhia.

Abexim cor de canela

O abexim é geralmente calmo e meigo. Pode ser tímido, reservado e desconfiado em relação a estranhos, mas em geral dá-se bem com outros gatos e adora os donos.

Coloração Cobre avermelhado, quente e com riscas chocolate; base damasco escuro. Ponta da cauda e das orelhas, orla dos olhos, traseiras das patas e tufos dos dedos vermelho acastanhado. Pele do nariz vermelho pálido (pode ser contornado com vermelho acastanhado); almofadas das patas de canela a chocolate. Olhos dourados ou verdes.

Compleição Média; musculado e ágil; cabeça arredondada, cuneiforme de contornos suaves.

Temperamento Agradável, esperto, pouco caseiro; enfraquece se não tiver companhia.

EXÓTICOS DE PÊLO CURTO

Asiático

O grupo asiático abrange uma vasta gama de raças de pêlo curto. Todas as variantes são do tipo e da constituição básica do birmanês, mas não têm a cor do pêlo desta raça ou a cor limitada às extremidades como no gato birmanês comum.

Neste grupo, encontra-se uma gama de gatos com pêlos atraentes pela sua cor, padrão e textura. O pêlo é curto e rente ao corpo. Todas as variedades de gatos asiáticos têm característicos olhos grandes, brilhantes e expressivos, bem afastados entre si. A posição dos olhos é ligeiramente oriental, mas não têm a forma oriental nem redonda.

Coloração Preto, azul, chocolate, lilás, caramelo, vermelho, creme, damasco e as cores associadas do padrão tartaruga.
Compleição Média, bem musculado; elegante; cabeça redonda abobadada.
Temperamento Amistoso, esperto, brincalhão e ágil.

EXÓTICOS DE PÊLO CURTO

Asiático cambiante

Admitido nos quatro padrões – riscado, malhado, tigrado e clássico – e em todas as cores, esta raça proporciona vasta gama de escolha mesmo para os mais exigentes. Cada um dos pêlos do riscado (na imagem) apresenta duas ou três faixas de cor, que produzem um aspecto geralmente visto no coelho bravo. Todos os gatos desta variedade devem apresentar nítidas listras cambiantes que marcam as pernas e a cauda.

Coloração Preto, azul, chocolate, lilás, caramelo, vermelho, creme, damasco e as cores associadas do padrão tartaruga, que são aceites nas versões prateado ou padrão e nas variedades birmanesas semelhantes.
Compleição Média, bem musculado; elegante; cabeça redonda abobadada.
Temperamento Amistoso, esperto, brincalhão e ágil.

Asiático esfumado

O asiático esfumado é um não-agutí com subpêlo prateado claro ou quase branco e pêlo exterior mais escuro. As ténues marcas cambiantes dão ao pêlo o aspecto de seda lustrosa e ondeada. O subpêlo pálido deve atingir de um terço a metade de todo o pêlo, sendo o resto mais escuro. O frontal apresenta por vezes marcas franzidas e os olhos podem ter um contorno prateado.

Coloração Preto, azul, chocolate, lilás, caramelo, vermelho, creme, damasco e as cores associadas do padrão tartaruga.
Compleição Média, bem musculado; elegante; cabeça redonda abobadada.
Temperamento Amistoso, esperto, brincalhão e ágil.

Bengali

Baseado em cruzamentos entre gatos leopardo asiáticos, que vivem em estado bravio no Sudeste Asiático, e domésticos, o bengali começou por ser criado nos Estados Unidos. Parece ter conservado a autoconfiança do leopardo asiático, juntamente com a disposição afeiçoada do gato doméstico, produzindo-se assim um leopardo miniatura com natureza carinhosa. O aspecto do bengali deve ser o mais próximo possível dos exemplares do primeiro cruzamento. A textura do pêlo desta raça é invulgar, pois parece cetim ou seda, e tem aspecto brilhante como se estivesse salpicado com pó de ouro ou fragmentos de pérola. O miado é muito diferente dos gatos domésticos comuns, o que dá ainda mais impressão de o bengali ideal ser um verdadeiro gato bravo.

Tanto no leopardo malhado como no padrão marmoreado, as linhas que rodeiam os olhos devem estender-se em riscas verticais, que podem ser sublinhadas por um «M» na testa. No marmoreado são desejáveis fortes marcas, tanto na gola como na máscara, ornamentos inteiros ou quebrados e manchas horizontais; no leopardo são desejáveis apenas as malhas.

Coloração O marmoreado (na imagem) deve ter padrão característico com manchas circulares ou listras, bem definidas, mas não simétricas, dando o aspecto de mármore, preferencialmente no sentido horizontal. O padrão deve ser composto por formas distintas, de contornos definidos, com forte contraste em relação ao pêlo base, e as marcas não devem ser similares às do cambiante clássico.

Compleição Grande e musculado; quartos traseiros mais altos do que os ombros; cabeça redonda com orelhas pequenas de pontas redondas.

Temperamento Amistoso, esperto, curioso e afeiçoado.

Bengali leopardo malhado

Tão seguro de si como os gatos leopardo seus antepassados, o bengali adquiriu uma disposição afeiçoada e temperamento carinhoso e fiável.
O pêlo denso e luxuriante mantém-se em boas condições com dieta equilibrada; deve ser escovado e penteado regularmente.

Coloração Deve haver grande contraste entre a cor base e as malhas, que devem ser grandes, em forma de seta ou de roseta no caso das malhas maiores. A barriga deve ser malhada e as pernas podem apresentar linhas horizontais quebradas e/ou malhas ao longo do comprimento com as extremidades de cor escura sólida. É importante que as malhas não sigam na vertical para não formar o padrão cambiante tigrado.
Compleição Grande e musculado; quartos traseiros mais altos do que os ombros; cabeça redonda com orelhas pequenas de pontas redondas.
Temperamento Amistoso, esperto, curioso e afeiçoado.

EXÓTICOS DE PÊLO CURTO

Bengali neve

Esta variedade apresenta o padrão de pêlo birmanês-tonquinês, no qual a cor mais intensa está nas extremidades, mas o padrão também é visível no corpo e tem um brilho especial.
Em exposições, pode ser penalizado por ter pêlo comprido, áspero ou cerdoso, riscado, de cor incorrecta na ponta da cauda ou nas almofadas das patas, e barriga sem manchas.

Coloração A cor de fundo vai do creme ao castanho claro, tendo o aspecto geral de um gato polvilhado com pó de pérola. O padrão claramente visível varia desde o carvão ao castanho claro; este surge nos óculos, na zona dos bigodes e no queixo; prefere-se manchas nas orelhas. Orla dos olhos, lábios e nariz contornados a preto; pele do nariz vermelho tijolo. Almofadas das patas rosa acastanhado; ponta da cauda carvão ou castanho escuro. Olhos dourados, verdes ou verdes azulados.
Compleição Grande e musculado; quartos traseiros mais altos do que os ombros; cabeça redonda com orelhas pequenas de pontas redondas.
Temperamento Amistoso, esperto, curioso e afeiçoado.

EXÓTICOS DE PÊLO CURTO

Bombaim

Por causa do seu aspecto, o gato bombaim foi definido como o «pelica de verniz com olhos de cobre», uma descrição que se ajusta a este brilhante felino preto-azeviche. Desenvolvido a partir de excelentes espécimes do americano pêlo curto preto e do birmanês cor de areia, o tipo desejado foi rapidamente alcançado e o bombaim começou a ser criado como raça autêntica. Em 1976, a CFA reconheceu esta raça e concedeu-lhe o estatuto de campeonato.
Embora o gato pareça um birmanês preto de tipo americano, os pioneiros da raça achavam-no parecido com uma versão miniatura da pantera negra indiana (asiática) e, por isso, decidiram chamar-lhe bombaim. O pêlo é fácil de manter com uma dieta equilibrada e cuidados mínimos. O típico brilho de pelica será reforçado se for polido com um pano.

Coloração Só preto. Preto-azeviche até à raíz com brilho de pelica envernizada. Pele do nariz e das almofadas das patas preta. Olhos do dourado ao cobre; preferíveis os tons escuros.
Compleição Média; musculado; cabeça ligeiramente redonda; orelhas separadas, com pontas redondas.
Temperamento Afeiçoado e brincalhão; bom animal de estimação.

EXÓTICOS DE PÊLO CURTO

Birmanês

Todos os modernos gatos birmaneses têm como antepassado comum uma fêmea híbrida siamesa chamada Wong Mau, que foi levada de Rangoon para os Estados Unidos em 1930. Wong Mau era por certo uma gata do tipo hoje conhecido por tonquinês. Primeiro, foi acasalada com machos siameses; depois, as suas crias foram acasaladas entre si e cruzadas com a própria Wong Mau. Destes cruzamentos surgiram três tipos distintos de gatos – alguns idênticos à progenitora, outros siameses, e outros muito mais escuros do que Wong Mau.

Foram a base da raça birmanesa, oficialmente reconhecida em 1936 pela Cat Fancier's Association, foi a primeira raça de gatos com *pedigree* a ser totalmente desenvolvida nos Estados Unidos.

Coloração Apenas a variedade castanha (na imagem) é classificada como o genuíno birmanês. O pêlo preto acastanhado, de tom quente e intenso, passa subtilmente para um tom mais claro nas partes baixas, sem qualquer mancha, listra ou marca. Os gatinhos podem apresentar cor mais clara. A pele do nariz e das almofadas das patas é castanha. Olhos do amarelo ao dourado, preferindo-se os tons escuros.

Compleição Média; bem musculado e elegante; cabeça redonda e orelhas afastadas.

Temperamento Esperto, amistoso e pouco caseiro; afeiçoado.

Birmanês azul

É a versão mais clara da cor castanha normal. O azul foi a primeira variedade adicional a ser reconhecida e aceite. Os requisitos para o gato ideal diferem em cada um dos lados do Atlântico. O birmanês americano tem a cabeça mais redonda e o corpo um pouco mais pesado do que o seu congénere britânico. O birmanês da América também tende a ter melhor cor de olhos, mas, como raça foi originalmente desenvolvida nos Estados Unidos, isso é natural. A cor dos olhos é muito difícil de determinar à luz artificial de um salão de exposições e, muitas vezes, os juízes levam os birmaneses para a luz natural para confirmarem a cor.

Coloração Cinzento prateado suave, ligeiramente mais escuro no dorso e na cauda. Deve haver brilho prateado nas orelhas, cara e patas. A pele do nariz e das almofadas das patas é azul acinzentada. Os olhos vão do amarelo ao dourado.
Compleição Média; bem musculado e elegante; cabeça redonda e orelhas afastadas.
Temperamento Esperto, amistoso e pouco caseiro; afeiçoado.

EXÓTICOS DE PÊLO CURTO

Birmanês champanhe

Também conhecido por birmanês chocolate, é uma das duas novas cores esbatidas descobertas nos EUA no final dos anos 60. Actualmente, é uma das cores mais vulgares.

Coloração Leite com chocolate o mais uniforme possível; a máscara e as orelhas podem ser ligeiramente mais escuras. A pele do nariz é chocolate castanho; as almofadas das patas vão do canela ao chocolate; os olhos do amarelo ao dourado; preferem-se os tons escuros.
Compleição Média; bem musculado e elegante; cabeça redonda e orelhas afastadas.
Temperamento Esperto, amistoso e pouco caseiro; afeiçoado.

Birmanês creme

É uma diluição do vermelho e, além desta cor, o birmanês pode apresentar o espectro de cores do padrão tartaruga. O pêlo de intenso creme pálido é uma adição atraente ao birmanês de cor uniforme e, como outras cores mais claras, apresenta ligeiro efeito ponta de cor ou himalaiano, com cor mais escura na cara, orelhas, pernas, almofadas e cauda.

Coloração Creme pastel, com orelhas levemente mais escuras do que o corpo. A pele do nariz e das almofadas das patas é rosa. Os olhos vão do amarelo ao dourado; preferem-se os tons mais escuros.
Compleição Média; bem musculado e elegante; cabeça redonda e orelhas afastadas.
Temperamento Esperto, amistoso e pouco caseiro; afeiçoado.

EXÓTICOS DE PÊLO CURTO

Birmanês platinado

Também conhecido por birmanês lilás, é a segunda das duas novas cores esbatidas do birmanês descobertas nos EUA no final dos anos 60, sendo a outra o birmanês champanhe ou chocolate. Este gato surgiu em ninhadas quando foram cruzados gatos que continham os dois genes da cor chocolate e azul.

Coloração O delicado pêlo cinzento claro tem um tom rosado, o mais uniforme possível, embora a máscara e as orelhas possam ser ligeiramente mais escuras. A pele do nariz e das almofadas das patas é cor de rosa alfazema. Os olhos vão do amarelo ao dourado; preferem-se os tons mais escuros.
Compleição Média; bem musculado e elegante; cabeça redonda e orelhas afastadas.
Temperamento Esperto, amistoso e pouco caseiro; afeiçoado.

Birmanês vermelho

O birmanês é um gato muito esperto e activo que pode ser muito determinado, mas retribui com afeição os tratos firmes e gentis. O seu pêlo curto e lustroso não precisa de muitos cuidados para se manter em boas condições.

Coloração Tangerina o mais uniforme possível; são permitidas marcas cambiantes ligeiras na cara. Orelhas mais escuras do que o corpo. A pele do nariz e das almofadas das patas é rosa; olhos do amarelo ao dourado; preferem-se os tons escuros.

Compleição Média; bem musculado e elegante; cabeça redonda e orelhas afastadas.
Temperamento Esperto, amistoso e pouco caseiro; afeiçoado.

Birmanês tartaruga

O gene laranja (vermelho) introduzido no birmanês na Grã-Bretanha a partir de três fontes: um pêlo curto gengibre cambiante; um siamês ponta vermelha; um calico (mesclado). Estabeleceu-se um programa de criação e, em meados dos anos 70, surgiram um número considerável de birmaneses vermelho claro, creme e tartaruga sempre fêmeas, a maioria deles de bom tipo birmanês.

Em todas as variedades, a cor do corpo é mais clara nas partes baixas do que no dorso e pernas.
Nas variedades não-cambiantes, admitem-se gatinhos e gatos adolescentes com cor de corpo mais pálida, assim como listras cambiantes claras ou marcas cambiantes fantasma. Em adultos não-cambiantes, marcas cambiantes e pêlos brancos são considerados defeitos.

Coloração O tartaruga tem cores misturadas e existem em quatro cores: castanho, azul, chocolate e lilás. No tartaruga chocolate (na imagem), o pêlo é leite com chocolate, vermelho e/ou vermelho claro, manchado e/ou mosqueado. A pele do nariz e das almofadas das patas é rosa ou azul acinzentado liso ou mosqueado. Olhos do amarelo ao dourado; preferem-se os tons escuros.
Compleição Média; bem musculado e elegante; cabeça redonda e orelhas afastadas.
Temperamento Esperto, amistoso e pouco caseiro; afeiçoado.

EXÓTICOS DE PÊLO CURTO

Birmanila

Em 1981, do acasalamento acidental entre uma fêmea birmanesa platinada (lilás) e um macho chinchila prateado nasceram quatro gatinhas prateadas com sombreado preto. Todas apresentavam constituição estranha e tinham pêlo curto e denso. Eram tão espectaculares e despertaram tanto interesse que se fizeram depois cruzamentos similares. Em 1983, surgiram programas de criação e estabeleceram-se características padrão para a raça.

A mais notável é o forte contraste entre o subpêlo prateado do *birman*ês e o ponteado do chinch*ila*; daí o nome (birman + ila.)

Coloração Sombreada ou pontilhada com preto, azul, castanho, chocolate, lilás, vermelho, creme; tartarugas vermelho, azul, castanho, chocolate e lilás. O birmanila azul sombreado (na imagem) tem pêlo branco prateado, sombreado com azul acinzentado. Pele do nariz vermelho tijolo; almofadas e base das patas azuis acinzentadas. Olhos verdes.

Compleição Média; vigorosa; cabeça arredondada, grandes olhos e orelhas de base larga e pontiagudas.

Temperamento Amistoso, vivo, esperto e afeiçoado; mais calmo e menos exigente do que o birmanês.

EXÓTICOS DE PÊLO CURTO

Birmanila sombreado

Gato de tipo mediano, musculado, pernas altas e robustas e cauda comprida e pouco espessa. A cabeça é cuneiforme, com grandes orelhas, nariz curto e grandes olhos expressivos. A característica mais impressionante, porém, é o pêlo brilhante. A cor de fundo é branco puro prateado, com sombras ou pontilhados em qualquer cor sólida ou tartaruga reconhecidas, que deve estar distribuída de forma uniforme. As pálpebras, lábios e pele do nariz são orlados com a cor básica, e as extremidades apresentam traços de marcas cambiantes, mais bem definida no sombreado do que nas variedades pontilhadas.

Coloração O pêlo do sombreado castanho é branco puro prateado, sombreado com castanho escuro. Pele do nariz vermelho tijolo; almofadas e base das patas castanho escuro. Olhos verdes.

Compleição Média; vigorosa; cabeça arredondada, grandes olhos e orelhas de base larga e pontiagudas.

Temperamento Amistoso, vivo, esperto e afeiçoado; mais calmo e menos exigente do que o birmanês.

EXÓTICOS DE PÊLO CURTO

Birmanila pontilhado

Pouco exigente e calmo, é brincalhão e muito afeiçoado.
O pêlo denso é melhor escovado com escova de borracha para se retirar os pêlos soltos antes de ser totalmente penteado. O macho é maior e mais robusto do que a elegante fêmea. Qualquer tendência para ter ossatura esguias como o siamês, ou para o tipo entroncado do pêlo curto, é vista como defeito.

Coloração Branco puro prateado, sombreado ou pontilhado com preto. A pele do nariz é vermelho tijolo; as almofadas e base das patas são pretas. Os olhos são verdes.
Compleição Média; vigorosa; cabeça arredondada, grandes olhos e orelhas de base larga e pontiagudas.
Temperamento Amistoso, vivo, esperto e afeiçoado; mais calmo e menos exigente do que o birmanês.

EXÓTICOS DE PÊLO CURTO

Rex da Cornualha

Em 1950, um gatinho de pêlo encaracolado nasceu numa ninhada normal numa quinta da Cornualha no Sudoeste de Inglaterra. O exame microscópico de amostras do seu pêlo demonstrou que era semelhante ao do coelho rex. Quando o gatinho amadureceu, foi acasalado com a mãe, e dois dos três filhotes resultantes tinham pêlo de rex. O macho, Poldhu, acabou por acasalar com uma notável fêmea chamada Lamorna Cover, que foi exportada para fundar a raça rex nos Estados Unidos. Nos primeiros tempos da criação, eram usados gatos britânicos pêlo curto e birmaneses, e chegou uma altura em que havia suficientes gatos de pêlo encaracolado para se estabelecer uma raça aceitável. O rex da Cornualha adquiriu o estatuto de raça na Grã--Bretanha em 1967 e nos Estados Unidos em 1979.

É esperto, afeiçoado e bastante extrovertido. Brincalhão e travesso, é excelente animal de estimação. O singular manto encaracolado não perde pêlo, extremamente fácil de cuidar com a mão e com o uso eventual do pente.

Coloração Todas as cores e padrões são admissíveis.
Compleição Tamanho médio e esbelto, com cabeça comprida cuneiforme e orelhas bastante grandes.
Temperamento Vivo, esperto, travesso e activo.

EXÓTICOS DE PÊLO CURTO

Rex da Cornualha esfumado

As várias cores e padrões de pêlo dos gatos seleccionados para os cruzamentos originais resultaram numa vasta gama de variedades de cor no rex da Cornualha. Independentemente da cor, porém, o pêlo curto e felpudo é denso e tem ondas estreitas e uniformes desde o topo da cabeça, ao longo do dorso, lados e quadris, até à ponta da cauda, que deve ser comprida, fina e estreita, coberta de pêlo encaracolado.

Coloração Todas as cores e padrões são admissíveis.

Compleição Tamanho médio e esbelto, com cabeça comprida cuneiforme e orelhas grandes e erectas.
Temperamento Vivo, esperto, travesso e activo.

Rex da Cornualha tartaruga

Em exposições, este rex é penalizado por ter pêlo desgrenhado ou muito curto. A cabeça não deve ser do tipo da do pêlo curto e as orelhas devem ser grandes. Do cruzamentos dos rex com outra raça resultam gatos de pêlo normal com o gene recessivo do pêlo encaracolado. Quando estes amadurecem e acasalam com similares, ou voltam a cruzar-se com gatos rex, produzem gatinhos de pêlo encaracolado.

Coloração Todas as cores e padrões são admissíveis.

Compleição Tamanho médio e esbelto, com cabeça comprida cuneiforme e orelhas grandes e erectas.
Temperamento Vivo, esperto, travesso e activo.

Rex de Devon

Dez anos após a descoberta do primeiro gatinho rex da Cornualha, outro gatinho de pêlo encaracolado foi descoberto no vizinho condado de Devon. De nome Kirlee, foi acasalado com fêmeas rex da Cornualha. Surpresa geral, todos os filhotes resultantes tinham o pêlo liso, e concluiu-se que o encaracolado de Kirlee era causado por um gene diferente. Outras experiências confirmaram isto.

As duas variedades de pelagem rex foram desenvolvidas separadamente e são raças muito distintas. O rex de Devon tem aspecto bastante invulgar mesmo sem o pêlo ondulado, uma expressão curiosa, tipo duende, e enormes orelhas semelhantes às do morcego. Uma subvariedade é conhecida não oficialmente como o *si-rex*, pois combina as características do rex de Devon com o padrão e cores de pêlo do siamês.

Coloração Todas as cores e padrões são admissíveis.
Compleição Média; musculado, mas esbelto; cabeça cuneiforme e orelhas grandes e erectas.
Temperamento Travesso, brincalhão, esperto, e amistoso.

EXÓTICOS DE PÊLO CURTO

Rex de Devon tartaruga

O Devon é para os conhecedores. É exigente, requer constante atenção, é amoroso, brincalhão e esperto.
O pêlo é fácil de cuidar; penteia-se à mão ou com pente. Costuma apresentar zonas de pêlo mais esparso e, neste caso, precisa de aquecimento extra. As orelhas requerem limpeza regular.

Coloração Todas as cores felinas são aceites, incluindo marcas brancas desaconselhadas noutras variedades.
Compleição Média; musculado, mas esbelto; cabeça cuneiforme e orelhas grandes e erectas.
Temperamento Travesso, brincalhão, esperto, e amistoso.

Rex de Devon ponta de cor

Tal como o rex da Cornualha, os primeiros exemplares rex de Devon foram cruzados com gatos de outras raças para aumentar o campo genético da espécie. Os siameses foram muito usados e os resultantes filhotes encaracolados foram inicialmente chamados *si-rex*. Actualmente esta terminologia não é aceite como correcta para o rex de Devon com padrão siamês, e não são permitidas marcas brancas em gatos com o padrão himalaiano ou siamês, nos quais a cor se restringe às pontas.

Coloração Admitem-se todas as cores e padrões de pêlo reconhecidos nos padrões felinos para os ponta de cor.
Compleição Média; musculado, mas esbelto; cabeça cuneiforme e orelhas grandes e erectas.
Temperamento Travesso, brincalhão, esperto, e amistoso.

EXÓTICOS DE PÊLO CURTO

Mau egípcio

Não deve ser confundido com o gato da raça do mesmo nome criado, experimentalmente, na Grã-Bretanha nos anos 60 e agora chamado oriental cambiante. O mau egípcio foi criado nos Estados Unidos a partir de gatos levados do Egipto, via Roma, em 1953. Gato malhado, muito parecido com os representados em papiros e desenhos do Antigo Egipto, adquiriu o reconhecimento oficial da CFF em 1968 e da CFA em 1977.

Bastante tímido mas muito carinhoso, o mau tende a reservar os seus afectos apenas a uma ou duas pessoas. É de natureza activa e pode facilmente aprender um ou dois truques.
Embora o pêlo curto seja fácil de manter em boas condições, deve ser penteado regularmente para serem removidos os pêlos soltos.
Além do mau prateado (na imagem), existem as variedades bronze e esfumado.

Coloração Base prateado pálido; marcas negras contrastando com a cor base. A traseira das orelhas é rosa acinzentado pontilhado com preto; nariz, lábios e olhos contornados com preto. Pescoço, o queixo e orlas das narinas prateado claro quase branco. Pele do nariz vermelho tijolo; almofadas pretas. Olhos verde claros.
Compleição Tamanho médio, comprido, gracioso; cabeça arredondada cuneiforme; orelhas grandes.
Temperamento Muito esperto, sociável; pouco caseiro.

EXÓTICOS DE PÊLO CURTO

Havana Castanho

Também conhecido por oriental acastanhado, esta singular raça surgiu no início dos anos 50 quando criadores britânicos trabalhavam com cruzamentos entre o russo azul e raças de pêlo curto; daqui resultaram alguns gatinhos chocolate castanho. Nessa altura, a ciência genética da cor felina estava na sua infância, mas depressa se percebeu que apenas se podia produzir filhotes cor de chocolate quando ambos os progenitores possuíam o factor chocolate, e quando dois dessa cor eram acasalados.

Exemplares desses acasalamentos foram cruzados com siameses para se conseguir o tipo e a configuração oriental. Outros foram enviados para os Estados Unidos e criados até atingirem o padrão característico.

O gato desta raça é muito esperto, afeiçoado e ágil. De miado menos sonoro do que o siamês, é brincalhão e adora a companhia humana. É um soberbo animal de estimação.

O pêlo é fácil de manter em boas condições com o mínimo de cuidados. Deve ser penteado para se remover os pêlos soltos e polido, à mão ou com um pano de seda, para dar brilho ao lustroso pêlo castanho.

Coloração Apenas castanho quente. A pele do nariz é de tom castanho rosado; as almofadas das patas têm tom rosado. A cor dos olhos é verde intenso.

Compleição Média, musculado; esguio e elegante, cabeça cuneiforme.

Temperamento Esperto, afeiçoado e sociável.

EXÓTICOS DE PÊLO CURTO

Rabão japonês

Raça natural e nativa do Japão que existe há séculos, o rabão japonês é considerado um símbolo de boa sorte no lar; a variedade tricolor, conhecida por *mi-ke* (que significa três cores), é particularmente apreciada.

O rabão começou por despertar a atenção dos criadores ocidentais quando um juiz de exposições se deixou cativar por esta raça. Foi admitida com estatuto provisório de raça pela CFA em Maio de 1971. Após cinco anos de cuidadosa criação, o rabão japonês foi oficializado nos Estados Unidos e adquiriu reconhecimento total e categoria de campeonato.

O pêlo sedoso é fácil de manter em perfeitas condições, pois basta ser levemente escovado, penteado e polido com um pano de seda. O pompom da cauda deve ser penteado e manter a forma e as orelhas largas serão mantidas em óptimas condições se limpas diariamente com um pedaço de algodão humedecido.

Coloração Tartaruga e branco, mas admitem-se outras cores.
Compleição Tamanho médio, esguio e musculado.
Temperamento Amistoso, esperto e muito sociável, com uma personalidade encantadora.

Korat

Esta raça tem origem na Tailândia, onde é chamada *si-sawat*, palavra composta referente ao pêlo cinzento prateado e aos luminosos olhos verdes claros. Muito apreciado, o si-sawat é considerado um amuleto de boa sorte; nos casamentos tradicionais, é costume dar um par destes gatos como presente, para dar longevidade, abundância e felicidade aos noivos.

O korat é encantador, de miado suave, atento, curioso e afeiçoado.
O pêlo curto e denso é fácil de cuidar: precisa de ser escovado semanalmente e polido com um pano de seda.

Coloração Apenas azul. Pele do nariz e dos lábios azul escura ou alfazema; almofadas das patas azul escura ou alfazema rosado. Olhos verde luminoso, embora também se admita o âmbar.
Compleição Tamanho médio e musculado, com cara em forma de coração e grandes orelhas com pontas redondas.
Temperamento Calmo, esperto, brincalhão e afeiçoado.

EXÓTICOS DE PÊLO CURTO

Malaiano

Raça muito recente tem origem nos Estados Unidos, onde foi reconhecida em 1980. Só difere do birmanês pela cor e, de facto, é classificado como birmanês no Reino Unido. Os gatinhos malaianos são regular e naturalmente produzidos em ninhadas do birmanês.
O pêlo é curto, fino e macio, e fica com mais qualidade se polido com luva.

Coloração Existem três tipos de cor. O malaiano azul é azul acinzentado com um toque fulvo; o platinado é cinzento prateado com um toque fulvo; a variedade champanhe (na imagem) é amarelo acastanhado. Os olhos são amarelos em todas as variedades.
Compleição Robusto, musculado; peito forte, arredondado; orelhas bem abertas.
Temperamento Muito afeiçoado, mas pouco caseiro; bom animal de estimação que requer atenção.

EXÓTICOS DE PÊLO CURTO

Ocegato

O primeiro gatinho desta raça surgiu na ninhada de uma gata de raça híbrida experimental (de um programa de criação de abexim com siamês ponta de cor) acasalada com um macho siamês ponta de cor chocolate. O gatinho ao qual foi dado o nome de Tonga, fazia lembrar um ocelote bebé, e decidiu-se produzir gatos similares, que acabaram por ser reconhecidos como uma raça autónoma chamada Ocegato (oce, de ocelote, mais gato).

Além do próprio ocegato, admitem-se no *pedigree* cruzamentos com abexins, americanos e siameses. É grande mas bem proporcionado, musculado e ágil, com aspecto de «gato bravo».

O pêlo deve ser escovado e penteado para remoção dos pêlos soltos.

Coloração Preto, azul, chocolate, alfazema, canela e fulvo malhado ou variações prateadas destas cores. Todas devem ser claras, com a mais clara na cara, em redor dos olhos, queixo e mandíbula inferior. A cor mais escura é na ponta da cauda. Os olhos são dourados.
Compleição Robusto, musculado; cabeça larga; orelhas grandes bem afastadas.
Temperamento Esperto, amistoso e sociável.

EXÓTICOS DE PÊLO CURTO

Russo azul

O encantador e característico russo azul é uma raça natural com extraordinária combinação da configuração, cor e pêlo que faz dele um animal impressionante.

Pensa-se que os primeiros surgiram no porto de Arcangel, no Mar Branco, perto do círculo polar árctico. Os gatos foram muito exibidos na Inglaterra durante a segunda metade do século XIX, mas diferiam dos actuais por terem brilhantes olhos laranja. Em 1912, o russo azul recebeu o seu próprio estatuto de classe, mas durante a Segunda Guerra Mundial a raça quase se extinguiu, tendo sido apenas salva pelo cruzamento com o siamês. Gatos de tipo invulgar foram então exibidos como russos azuis, mas os criadores fizeram uma tentativa coordenada para restaurar as características da raça e, em 1966, o padrão de exibição foi alterado para determinar que o tipo siamês era indesejável no russo azul.

Coloração Azul claro uniforme; pêlos de protecção com pontas prateadas, dando à pelagem um brilho prateado. Pele do nariz cinzento azulado; almofadas rosa alfazema ou malva. Olhos verde vivo.
Compleição Tamanho médio, gracioso e musculado; cabeça cuneiforme e frontal achatado; orelhas bem afastadas.
Temperamento Calmo, meigo, muito esperto e afeiçoado.

EXÓTICOS DE PÊLO CURTO

Singapura

Uma criadora americana desenvolveu o singapura a partir de gatos que descobriu no país homónimo. Resolveu importar alguns para os Estados Unidos e elaborou um rigoroso programa para o desenvolvimento da raça. O seu esforço foi recompensado pela produção de uma raça felina atraente e viável e bastante estética. O singapura tem pêlo riscado, parecido com o do abexim, tem a mediana estrutura óssea e a configuração do exótico de pêlo curto.

Coloração A base é marfim quente; o riscado é castanho escuro. Nariz, queixo, peito e barriga cor de pano crú; orelhas e cana do nariz tom salmonado. A pele do nariz é salmão rosado, contornada com castanho escuro; almofadas em castanho rosado; orlas dos olhos em castanho escuro. Olhos avelã, verdes ou amarelos.

Compleição Pequena a média; cabeça redonda e orelhas pontiagudas.

Temperamento Afeiçoado, amistoso e brincalhão.

EXÓTICOS DE PÊLO CURTO

Somali

é a versão com pêlo comprido do gato abexim, e a cor do pêlo é tipicamente a do abexim. Pensou-se que o pêlo comprido se devia a uma mutação espontânea ocorrida na raça abexim, mas a investigação genética demonstrou que o gene de pêlo comprido foi provavelmente introduzido quando gatos do tipo e linhagem do abexim foram cruzados com outros nos primeiros tempos de criação e de exibição.

Quando surgiram os primeiros gatinhos de pêlo comprido em ninhadas de abexins que, de outra forma, seriam normais, foram rejeitados, mas, mais tarde, os criadores decidiram desenvolver o abexim de pêlo comprido como uma variedade autónoma.

Embora várias associações tenham regras próprias de admissão para novas variedades, o somali é reconhecido na maioria das variedades de cor do abexim.

Coloração Rubro acastanhado com riscas pretas; fundo é damasco escuro ou laranja. A ponta da cauda, pontas das orelhas e orla dos olhos são pretas. A pele do nariz é vermelho tijolo; as almofadas traseiras das patas e tufos dos dedos são foca castanho ou pretas. Olhos dourados ou verdes; cores escuras e fortes são as preferidas.

Compleição Média a grande, bem proporcionado e musculado; cabeça cuneiforme.

Temperamento Sociável, esperto e pouco caseiro.

Somali chocolate não prateado

A Associação Britânica de Gatos aceita todas as cores do somali, ao passo que o GCCF concedeu a categoria de campeonato ao comum e ao canela no grupo não prateado, e deu categoria preliminar apenas ao azul, chocolate, lilás e fulvo não prateados, e a todos os somalis prateados em toda a gama de cores.

Coloração O pêlo é cobre castanho dourado com riscas cor de chocolate escuro: o pêlo de fundo é mais claro. As orelhas e a cauda têm o mesmo tom das riscas. A pele do nariz é chocolate rosado e as almofadas das patas são cor de chocolate, mais escuro entre os dedos e acima dos calcanhares. Os tufos dos dedos são cor de chocolate escuro.
Compleição Tamanho médio a grande, bem proporcionado e musculado, com cabeça cuneiforme.
Temperamento Esperto, pouco caseiro e sociável.

Somali fulvo não prateado

Versão esbatida do vermelho e canela, tem aspecto «empoado» devido ao pêlo fulvo riscado com um fulvo mais forte.

Coloração O pêlo fulvo é riscado numa tom mais escuro em base mais clara; extremidades das orelhas e da cauda na cor das riscas; pele do nariz rosa. Almofadas das patas malva, de fulvo mais escuro entre dedos e nos calcanhares; tufos dos dedos fulvo escuro.

Compleição Tamanho médio a grande, bem proporcionado e musculado, com cabeça cuneiforme.
Temperamento Esperto, pouco caseiro e sociável.

EXÓTICOS DE PÊLO CURTO

Somali prateado

Um efeito amarelado, conhecido como fúlvido, é indesejável nas variedades prateadas dos somali. Surge no prateado comum; nas variedades azuis prateadas, surge na cara e nas patas.

Coloração O pêlo branco de base é pontilhado com preto bem como a cauda e orelhas. Pele do nariz vermelho tijolo. Almofadas pretas ou castanhas com preto entre os dedos e nos calcanhares; tufos pretos nos dedos.

Compleição Tamanho médio a grande, bem proporcionado e musculado, com cabeça mediana cuneiforme.
Temperamento Esperto, pouco caseiro e sociável.

Somali vermelho prateado

Também conhecido por somali canela. Tal como o abexim, o somali é meigo e receptivo a tratos suaves e a afectos. Tem miado suave, é brincalhão, vigoroso e perfeito animal de companhia. O pêlo, embora denso, não é lanoso e por isso é muito fácil de cuidar. O colar e a cauda precisam de ser penteados regularmente, e as grandes orelhas devem ser delicadamente limpas.

Coloração O pêlo de fundo branco tem riscas cor de chocolate, dando o efeito brilhante de prata aveludada. As extremidades das orelhas e da cauda são cor de chocolate. A pele do nariz é cor de rosa. As almofadas rosadas das patas têm castanho chocolate entre os dedos que se estende até aos calcanhares. Os tufos nos dedos são chocolate escuro.
Compleição Tamanho médio a grande, bem proporcionado e musculado, com cabeça cuneiforme.
Temperamento Esperto, pouco caseiro e sociável.

EXÓTICOS DE PÊLO CURTO

Esfinge (sphynx)

Apesar do aspecto, não está totalmente pelado. A pele tem a textura de couro macio e pode estar coberta com uma fina pelagem, quase invisível a olho nu, que também é por vezes visível nas orelhas, cara, patas, cauda e escroto.

O primeiro esfinge surgiu como uma mutação espontânea numa ninhada de uma gata branca e preta em Ontário, no Canadá, em 1966. Um criador de gatos siameses levou o gatinho sem pêlo e, com outros criadores, trabalhou no desenvolvimento de uma nova raça. Hoje, o esfinge é admitido apenas por algumas associações e continua a ser uma raça invulgar e rara.

É afeiçoado às pessoas, mas não gosta de outros gatos, nem de ser agarrado ou mimado em excesso. Geralmente está com uma perna dianteira levantada e não gosta de se deitar com o corpo a tocar directamente no chão, preferindo fazê-lo sobre uma manta quente. Não precisa de escovagem, mas o corpo deve ser bem tratado, polido à mão ou com pano macio.

Coloração Admitem-se todas as cores e padrões; braceletes e medalhões brancos também são aceitáveis.

Compleição Média; musculado; pernas altas e finas, pescoço esguio e cabeça mais alongada do que larga.

Temperamento Amistoso, esperto e pouco caseiro.

Balinês 186
Ponta de cor azul 187
Ponta de cor foca cambiante 187

Ponta de cor pêlo curto 188
Chocolate mosqueado 189

Javanês 190

Oriental 191
Preto 191
Azul 192
Canela 192
Creme 193
Lilás 193
Vermelho 194
Branco 194
Preto esfumado 195
Sombreado chocolate prateado 196
Chocolate cambiante clássico 197
Chocolate riscado cambiante 198
Prateado malhado cambiante 199
Tartaruga 200

Seychellense 201

Siamês 202
Ponta azul 203
Ponta chocolate 204
Ponta creme 204
Ponta lilás 205
Ponta vermelho 205
Ponta foca 206
Ponta azul cambiante 207
Ponta vermelho cambiante 207
Ponta tartaruga 208

Tafetá (Tiffanie) 209

Tonquinês 210
Marta vermelho 211
Chocolate manchado 212

RAÇAS ORIENTAIS

RAÇAS ORIENTAIS

Balinês

Os gatinhos de pêlo comprido que apareciam de tempos em tempos em ninhadas de siameses foram desenvolvidos como balineses. No início, eram rejeitados e vendidos como animais de estimação, mas, nos anos 40, dois criadores americanos começaram a trabalhar para o desenvolvimento de uma raça autónoma. O nome escolhido deriva de a graciosidade e as linhas esbeltas do gato lembrarem as bailarinas de Bali.

O pêlo liso e comprido, nada parecido com o do persa, pois não possui subpêlo lanoso, assenta contra o corpo. É relativamente fácil de cuidar: deve ser regular e suavemente penteado e o colar e a cauda felpuda escovados.

Tem como seria de esperar, um carácter muito parecido com o do siamês: afeiçoado, exige atenção e é activo e curioso.

Coloração Todas as cores do siamês e outros pontas de cor: foca, azul, chocolate, lilás, vermelho e creme, bem como as variedades tartaruga e cambiantes destas cores. Algumas associações aceitam apenas os ponta foca, azul, chocolate e lilás.

Compleição Tamanho médio, esbelto e elegante, com cabeça alongada cuneiforme e orelhas grandes e aguçadas.

Temperamento Vigoroso e esperto, mas um pouco mais calmo e menos buliçoso do que o siamês.

RAÇAS ORIENTAIS

Balinês ponta de cor azul

O corpo deve ter cor uniforme com sombreados subtis se permitidos na variedade da cor. Todas as extremidades devem ter o mesmo sombreado e este bem definido. A máscara deve cobrir toda a cara, incluindo a zona dos bigodes, e deve estar ligada às orelhas por marcas traçadas. Não deve ter riscas ou pêlos brancos nas extremidades.

Coloração A pelagem é branco azulado de tom glaciar. Extremidades azul acinzentado. Pele do nariz e das almofadas azul acinzentado. Olhos azul vivo e intenso.
Compleição Tamanho médio, esbelto e elegante, com cabeça cuneiforme e grandes orelhas pontiagudas.
Temperamento Vigoroso e esperto, mas um pouco mais calmo e menos buliçoso do que o siamês.

Balinês ponta de cor foca cambiante

A versão pêlo comprido do siamês, é aceite na mesma gama de cores das extremidades. Como só se usavam siameses de qualidade no programa de criação, a maioria dos balineses actuais é excelente. Este sintetiza as melhores qualidades da raça.

Coloração A pelagem do corpo é bege; extremidades foca escuro cambiante. Orlas dos olhos e do nariz castanho foca. Pele do nariz vermelho tijolo, rosa ou castanho foca; almofadas castanho foca. Olhos azul vivo e intenso.

Compleição Tamanho médio, esbelto e elegante, com cabeça cuneiforme e grandes orelhas pontiagudas.
Temperamento Vigoroso e esperto, mas um pouco mais calmo e menos buliçoso do que o siamês.o siamês.

RAÇAS ORIENTAIS

Ponta de cor pêlo curto

Este gato foi o resultado do acasalamento de siameses com gatos de outras variedades, como o pêlo curto cambiante, para se obter novas cores e padrões. Como, no siamês, o gene que restringe a cor às extremidades é recessivo, os filhotes resultantes eram totalmente coloridos.

Porém, quando estes gatos cruzados foram acasalados de novo com siameses de alta qualidade, produziram-se gatinhos de padrão siamês, e cruzamentos sucessivos com siameses aperfeiçoaram o «novo» siamês para se ajustarem aos rigorosos padrões fixados por várias associações.

Sendo siamês em tudo menos no nome, o ponta de cor pêlo curto é um gato muito esperto, ágil e afeiçoado. É muito fácil de manter em boas condições com uma boa dieta e precisa de mínimos cuidados com o pêlo; deve ser penteado para se remover os pêlos soltos e polido com as mãos ou com um pano de seda.

Coloração Pontas em vermelho, creme e em lince foca, azul, chocolate, lilás, vermelho; também em mosqueado foca, chocolate, azul-creme e lilás-creme.
Compleição Média, esbelto e elegante.
Temperamento Afeiçoado, esperto e ágil; óptimo animal de estimação.

RAÇAS ORIENTAIS

Ponta de cor pêlo curto chocolate mosqueado

Este grupo de pontas de cor pêlo curto engloba todas as variedades siamesas produzidas por cruzamentos com outras raças para se introduzir os genes laranja (vermelho) e cambiante.

Coloração A pelagem é marfim e pode ter marcas em adultos idosos. Extremidades leite com chocolate marcadas com vermelho e/ou vermelho claro. Pele do nariz canela; permitido tom de carne ou coral quando há uma marca facial. As almofadas das patas são canela; é permitido tom carne ou coral quando a cor das extremidades se estende às almofadas das patas. Os olhos são cor azul vivo e intenso.

Compleição Média, esbelto e elegante.

Temperamento Afeiçoado, esperto e ágil; óptimo animal de estimação.

RAÇAS ORIENTAIS

Javanês

O oriental de pêlo comprido, conhecido por javanês, foi criado de forma selectiva a partir de gatos orientais e de gatos pêlo longo de tipo oriental excepcional. Na CFA, o nome javanês foi dado a gatos balineses que não se ajustavam às quatro cores principais dos siameses (pontas foca, azul, chocolate e lilás). Estas eram as cores de base vermelha e cambiante que nas variedades de pêlo curto são chamadas ponta de cor pela CFA. Sem subpêlo, o pêlo semilongo do javanês é fino com textura sedosa. Corre ao longo do corpo e forma um colar em redor dos ombros e do peito. Cauda felpuda tipo pluma. A escovagem regular mantém o pêlo em boas condições; o colar, partes inferiores e cauda podem ser penteados com pente de dentes largos.

Coloração A mesma do oriental de pêlo curto: preto, azul, chocolate, lilás, vermelho, creme, canela, fulvo, tartaruga, bem como todas as cores nos tipos esfumado, cambiante, tartaruga-cambiante. Olhos verde vivo e intenso.
Compleição Média, esbelto e elegante.
Temperamento Atento, extrovertido, activo, curioso e afeiçoado.

RAÇAS ORIENTAIS

Oriental

Oriental preto

Na Alemanha, antes da II Guerra Mundial, está registada a existência de um gato preto uniforme de tipo siamês, mas só nos anos 60, na Grã-Bretanha, é que se elaborou um programa de criação para se produzir siamês de cor uniforme. São actualmente conhecidos por orientais, e o preto é o mais impressionante e elegante, com o lustroso pêlo curto e rente, e o corpo comprido e esguio.
São por natureza muito limpos; o pêlo deve ser diariamente polido com a mão ou pano de seda para se manter em boas condições. As grandes orelhas precisam de ser regularmente limpas; precisam de um poste de arranhar e de muitos brinquedos.

Coloração O pêlo é de cor preta carregada, igual da raíz até às pontas, sem qualquer tom de ferrugem nem pêlos brancos ou outras marcas. Não deve haver subpêlo cinzento. A pele do nariz é preta; as almofadas das patas são em preto ou castanho foca. Os olhos são de cor verde vivo e intenso.
Compleição Tamanho médio, comprido, esguio e elegante, com cabeça cunieforme de tipo siamês e grandes orelhas bem afastadas.
Temperamento Sociável, esperto e curioso; exige muita atenção.

RAÇAS ORIENTAIS

Oriental azul

Siameses sem o gene que restringe a cor às extremidades, os primeiros orientais que surgiram em ninhadas semi-siamesas eram pretos e azuis. Mais tarde, o gene recessivo chocolate produziu um gato de cor uniforme chocolate, e quando o gene do esbatido também estava presente nos gatos usados para criação, surgiram crias lilás ou alfazema.

Coloração O pêlo é de qualquer tom azul acinzentado, mas prefere-se os tons mais claros. A cor deve ser igual e bem distribuída, sem pêlos brancos, manchas ou outras marcas. A pele do nariz e das almofadas das patas é azul acinzentado. Os olhos são de cor verde vivo e intenso.
Compleição Tamanho médio, comprido, esguio e elegante, com cabeça cuneiforme de tipo siamês e grandes orelhas bem afastadas.
Temperamento Sociável, esperto e curioso; exige muita atenção.

Oriental canela

Quando apareceu, esta bela e invulgar variedade de cor excitou os geneticistas. É o resultado da introdução do gene canela em cruzamentos entre siameses e abexins. A versão esbatida deste quente e invulgar gato cor de canela castanha é conhecida por fulva.

Coloração O pêlo é cor de canela castanha, igual e bem distribuída, sem pêlos brancos, sombras ou outras marcas. A pele do nariz é canela castanha; as almofadas das patas vão do castanho ao cor de rosa. Os olhos são de cor verde vivo e intenso.
Compleição Tamanho médio, comprido, esguio e elegante, com cabeça cuneiforme tipo siamês e grandes orelhas bem afastadas.
Temperamento Sociável, esperto e curioso; exige muita atenção.

RAÇAS ORIENTAIS

Oriental creme

É uma das cores recentes e versão esbatida do vermelho. Esta variedade demonstrou ser uma adição útil aos programas de criação, porque quando um creme é acasalado com um caramelo, pode produzir gatos cor de damasco. Podem ser visíveis marcas cambiantes no pêlo, mas o bom gato não será penalizado por este defeito desculpável.

Coloração O pêlo é de cor pálida creme pastel, sem tons quentes, igual e bem distribuída, sem pêlos brancos, sombras ou outras marcas. Não deve haver subpêlo branco ou claro. A pele do nariz e das almofadas das patas é rosa. A cor preferida dos olhos é verde intenso. Nota: é permitida uma ligeira sombra na cara e pernas, e admitem-se bigodes escuros.

Compleição Tamanho médio, comprido, esguio e elegante, com cabeça cuneiforme tipo siamês e grandes orelhas bem afastadas.

Temperamento Sociável, esperto e curioso; exige muita atenção.

Oriental lilás

O oriental lilás, que por vezes é conhecido por oriental alfazema, foi uma das primeiras variedades a ser desenvolvida.
Tal como outros orientais, é extrovertido, esperto e muito afeiçoado aos donos e amigos. É activo e brincalhão e detesta ser deixado sozinho por períodos longos.

Coloração A cor do pêlo é lilás claro, com um ligeiro tom rosado, igual e bem distribuído, sem pêlos brancos, sombras ou outras marcas. A pele do nariz e das almofadas das patas é cor de rosa alfazema ou lilás claro. Os olhos são de cor verde vivo e intenso.

Compleição Tamanho médio, comprido, esguio e elegante, com cabeça cuneiforme tipo siamês e grandes orelhas bem afastadas.

Temperamento Sociável, esperto e curioso; exige muita atenção.

RAÇAS ORIENTAIS

Oriental vermelho

O tipo do oriental é exactamente igual ao do siamês para verde, pois os orientais são meros siameses sem o gene que restringe a cor às extremidades do corpo. Com a perda do factor himalaiano, produz-se a alteração da cor dos olhos de azul

Coloração O pêlo é vermelho intenso, claro e brilhante, igual e bem distribuído, sem pêlos brancos, claras ou marcas. A pele do nariz e das almofadas das patas é vermelho tijolo ou rosa. Os olhos são de cor verde vivo e intenso. Nota: é permitida uma leve sombra na face e nas pernas, e admitem-se bigodes escuros.

Compleição Tamanho médio, comprido, esguio e elegante, com cabeça cuneiforme tipo siamês e grandes orelhas bem afastadas.
Temperamento Sociável, esperto e curioso; exige muita atenção.

Oriental branco

Único sem olhos verdes, este tem uma cor branca glaciar e no olhos azuis. Invulgar grupo, não costuma ser acasalado com orientais, mas com siameses, porque estes garantem a correcta cor dos olhos. Também chamado exótico branco.

Coloração O pêlo é branco puro sem quaisquer marcas ou manchas. A pele do nariz e das almofadas das patas é cor de rosa. Os olhos são de cor azul vivo e intenso. Nota: na CFA, o oriental branco deve ter olhos verdes. Olhos azuis são aceites, mas não se admitem olhos em mosaico.

Compleição Tamanho médio, comprido, esguio e elegante, com cabeça cuneiforme tipo siamês e grandes orelhas bem afastadas.
Temperamento Sociável, esperto e curioso; exige muita atenção.

RAÇAS ORIENTAIS

Oriental preto esfumado

O pêlo é pontilhado com a cor apropriada e apresenta uma estreita faixa branca prateada na raíz que só pode ser vista quando o pêlo é separado. O subpêlo é branco prateado. Em repouso, o gato parece ser preto uniforme, mas, em movimento, o subpêlo branco prateado é claramente visível.

Coloração Os pêlos são pontilhados com preto. A pele do nariz e das almofadas das patas é preta. Os olhos são verdes.
Compleição Tamanho médio, comprido, esguio e elegante, com cabeça cuneiforme tipo siamês e grandes orelhas bem afastadas.
Temperamento Sociável, esperto e curioso; exige muita atenção.

Oriental sombreado chocolate prateado

A introdução do prateado nos programas de criação do oriental interessou criadores da raça oriental, e depressa se criaram gatos de pêlo curto, fino e branco prateado com várias quantidades de pontilhado colorido. Os mais pontilhados chamam-se esfumados; os menos chamam-se pontilhados e os intermédios são sombreados. No sombreado, o pêlo é pontilhado em cerca de um terço do seu comprimento e o subpêlo é branco, produzindo o característico aspecto brilhante. A cara e as pernas podem ser sombreadas com pontilhado.

Coloração Marcas cor de chocolate num fundo chocolate prateado mais claro. Os olhos são verdes.

Compleição Tamanho médio, comprido, esguio e elegante, com cabeça cuneiforme tipo siamês e grandes orelhas bem afastadas.

Temperamento Sociável, esperto e curioso; exige muita atenção.

RAÇAS ORIENTAIS

Oriental chocolate cambiante clássico

Estes gatos podem ter um dos quatro padrões cambiantes: clássico, tigrado, malhado ou riscado.
No clássico, devem existir marcas largas, densas e bem definidas; as pernas devem ser listradas com braceletes que sobem para se juntar às marcas do corpo. A cauda deve ser anelada de forma uniforme; devem existir vários laços no pescoço e na parte superior do peito. Marcas no frontal formam a letra «M».

Coloração O pêlo base, incluindo lábios e queixo, é fulvo quente, com marcas chocolate castanho. As traseiras das pernas, das patas aos calcanhares, são chocolate castanho; a pele do nariz é chocolate ou vermelho pálido orlado com cor de chocolate; as almofadas das patas vão da cor de canela ao chocolate; os olhos são verdes.
Compleição Média, comprido, esguio e elegante; cabeça cuneiforme tipo siamês e grandes orelhas bem afastadas.
Temperamento Sociável, esperto e curioso; exige muita atenção.

RAÇAS ORIENTAIS

Oriental chocolate riscado cambiante

Acasalamentos entre siameses e abexins introduziram o gene do riscado no programa de criação da raça oriental cambiante e deram origem a este gato. O pêlo, de riscado uniforme, igual ao dos antepassados gatos bravos, depressa se tornou num padrão popular.

Os pêlos devem ser claramente riscados com duas ou três faixas de riscas em cada, mas sem outras manchas ou listras no corpo. Cor básica nos calcanhares das patas traseiras e na ponta da cauda. Ma cara as típicas marcas cambiantes, incluindo o «M» do frontal pode haver «impressões» de polegar na traseira das orelhas.

Coloração A cor de base, incluindo os lábios e o queixo, é bege ruivo com marcas cor de chocolate castanho. A parte de trás das pernas, desde as patas aos calcanhares, é chocolate castanho. A pele do nariz é chocolate ou vermelho pálido orlado com chocolate; as almofadas das patas vão da cor de canela ao chocolate. Os olhos são verdes.
Compleição Média, comprido, esguio e elegante; cabeça cuneiforme tipo siamês e grandes orelhas bem afastadas.
Temperamento Sociável, esperto e curioso; exige muita atenção.

RAÇAS ORIENTAIS

Oriental prateado malhado cambiante

Primeiro padrão cambiante oriental a ser reconhecido, o malhado cambiante surge nos anos 60. Até 1978, era conhecido na Grã-Bretanha como mau egípcio, mas o nome foi alterado para evitar a confusão com a raça americana homónima, que é muito diferente.

As malhas do corpo podem variar de tamanho e forma, mas preferem-se as redondas e as uniformemente distribuídas. Não devem juntar-se para formar o padrão tigrado quebrado. Uma linha de malhas corre ao longo do dorso até à ponta da cauda.

Coloração A cor de base, incluindo os lábios e o queixo, é prateado pálido puro com densas marcas pretas. Traseira das pernas, das patas aos calcanhares, preta; pele do nariz preta ou vermelho tijolo com orlas pretas; almofadas pretas. Olhos verdes.

Compleição Tamanho médio, comprido, esguio e elegante; cabeça cuneiforme tipo siamês e grandes orelhas bem afastadas.

Temperamento Sociável, esperto e curioso; exige muita atenção.

RAÇAS ORIENTAIS

Oriental tartaruga

Com a introdução do gene ligado ao sexo que produziu os orientais vermelho e creme, as ninhadas começaram a ter gatinhas com outras combinações de cor no padrão chamado tartaruga. A cor base nos gatos da raça oriental tartaruga deve ser uniforme até à raíz, manchada ou mesclada com vermelho, creme ou bege intenso, sem marcas cambiantes. Tal como a maioria dos gatos de padrão tartaruga, os orientais são exclusivamente fêmeas, embora surjam raros machos férteis.

Coloração Os orientais tartaruga apresentam-se em preto, azul, chocolate, lilás (alfazema), cor de canela e caramelo. A pele do nariz e das almofadas das patas deve ser da cor apropriada do padrão. Os olhos são verdes.
Compleição Média, comprido, esguio e elegante; cabeça cuneiforme tipo siamês e grandes orelhas bem afastadas.
Temperamento Sociável, esperto e curioso; exige muita atenção.

RAÇAS ORIENTAIS

Seychellense

Através do programa de criação aprovado pela associação felina britânica, o seychellense foi desenvolvido por criadores interessados em gatos orientais. Raça de compleição média típica dos orientais, corpo comprido e esbelto, pernas estreitas e patas delicadas. A cabeça é cuneiforme com grandes orelhas pontiagudas e olhos amendoados.
É invulgar por ter pêlo no qual predomina o branco, com manchas de cor na cabeça, pernas e corpo, e cauda colorida. As marcas do seychellense são classificadas em três grupos e o de pêlo comprido é idêntico em todos os aspectos ao de pêlo curto, exceptuando o pêlo, que é de dimensão média, macio e de textura sedosa, e mais comprido no colar. Tem tufos nas orelhas e cauda felpuda tipo pluma.

Coloração Admite-se qualquer cor ou combinação de cores.
Compleição Média, comprido e esbelto.
Temperamento Esperto, afeiçoado, ágil e curioso.

RAÇAS ORIENTAIS

Siamês

Talvez a mais conhecida das raças com *pedigree*, o siamês actual é diferente do do início do século XX, embora ainda conserve as pontas, causadas pelo factor himalaiano - o gene que restringe a cor à cara, orelhas, pernas, patas e cauda.
No final do século XIX, a corte real do Sião presenteou diplomatas ingleses e americanos com gatos com extremidades foca, e a raça despertou interesse que continuou a aumentar. Embora os originais tivessem extremidades foca, alguns tinham-nas castanhas mais claras, e estes foram reconhecidos como ponta chocolate. Um factor natural de diluição também se tornou aparente quando a coloração quase preta do ponta foca deu origem a gatos com extremidades azul acinzentado. Estes acabaram por ser admitidos como a variedade ponta azul.
À medida que se ia conhecendo a genética da cor felina, os criadores de siameses perceberam que podiam aumentar a gama de variedades de cor cruzando-os, primeiro, com outras raças e voltando a cruzar os filhotes com siameses de tipo excelente. A série vermelha dos ponta de cor foi acrescentada através do cruzamento entre vermelhos, vermelhos cambiantes e tartaruga; também se desenvolveu uma gama de cores em ponta de cor cambiantes através de cruzamentos com cambiantes.

Coloração Pontas foca (na imagem), azul, chocolate, lilás, vermelho, creme; mosqueados foca, azul, chocolate, lilás; foca cambiantes, azul, chocolate, lilás, vermelho, creme, mosqueados cambiantes foca, azul, chocolate e lilás. Os olhos de todas as variedades são azul vivo e forte.
Compleição Média, comprido, esguio e vigoroso; cabeça cuneiforme, longa; achatada; orelhas bem afastadas.
Temperamento Activo, esperto e curioso; requer atenção; miado sonoro.

RAÇAS ORIENTAIS

Siamês ponta azul

Surgiu numa exposição em 1896, mas foi visto como um ponta foca de cor fraca. O corpo deve ter cor uniforme com manchas subtis permitidas na variedade da cor. As pontas – máscara, orelhas, pernas, patas e cauda – devem ter o mesmo tom e ser bem definidas. A máscara deve cobrir toda a cara, incluindo a zona dos bigodes, e estar ligada às orelhas por marcas traçadas. As pontas não devem ter manchas ou pêlos brancos.

Coloração Branco azulado de tom glacial; pontas azul acinzentado. Pele do nariz e das almofadas azul acinzentado. Olhos azul vivo e intenso.
Compleição Média, comprido, esguio e vigoroso; cabeça cuneiforme, longa; achatada; orelhas bem afastadas.
Temperamento Activo, esperto e curioso; requer atenção; miado sonoro.

RAÇAS ORIENTAIS

Siamês ponta chocolate

Embora os originais tivessem extremidades foca, alguns tinham pontas castanhas mais claras, e estes foram reconhecidos como variedade autónoma a que se chamou ponta chocolate, o primeiro deles registado em 1931. O pêlo é curto, muito macio e fino; por isso, recomenda-se a escovagem diária com escova semi-rija para remover os pêlos soltos, em especial durante os períodos de muda. A dieta que inclua peixe e vegetais cozinhados alternados com carne ajuda a manter a cor.

Coloração Marfim; as pontas leite com chocolate; e a pele do nariz são leite com chocolate; almofadas das patas são canela e leite com chocolate. Olhos azul vivo e intenso.
Compleição Média, comprido, esguio e vigoroso; cabeça cuneiforme, longa; achatada; orelhas bem afastadas.
Temperamento Activo, esperto e curioso; requer atenção; miado sonoro.

Siamês ponta creme

Era inevitável que, uma vez estabelecido o ponta vermelho, se seguiria o esbatido, o ponta creme pálido.
Em exposições, pode ser penalizado por manchas na barriga ou nos flancos ou por ter pêlos brancos ou de cor clara, ou pêlos riscados nas extremidades.

Coloração Branco cremoso; as pontas são creme pastel. A pele do nariz e das almofadas das patas é cor de rosa. A cor dos olhos é azul vivo e intenso.
Compleição Média, comprido, esguio e vigoroso; cabeça cuneiforme, longa; achatada; orelhas bem afastadas.
Temperamento Activo, esperto e curioso; requer atenção; miado sonoro.

Siamês ponta lilás

Também conhecido por ponta gelada em algumas associações de gatos, o ponta lilás é o mais claro dos siameses.
Quando se criaram gatos ponta azul e chocolate, era muito provável que os ponta lilás surgissem naturalmente, mas foi a introdução do russo azul na linhagem siamesa, no final dos anos 40, que abriu caminho a esta variedade de cor.

Coloração Branco glacial (magnólia); pontas em cinzento gelado com leve tom rosado. A pele do nariz e das almofadas das patas é cor de rosa alfazema. A cor dos olhos é azul vivo e intenso.
Compleição Média, comprido, esguio e vigoroso; cabeça cuneiforme, longa; achatada; orelhas bem afastadas.
Temperamento Activo, esperto e curioso; requer atenção; miado sonoro.

Siamês ponta vermelho

Verdadeiro gato de exibição, as grandes orelhas sobressaídas seguem as linhas da cabeça cuneiforme. É branco cremoso e as extremidades são laranja quente.
Para se manter em boas condições, o pêlo curto e fino deve ser polido à mão ou com pano de seda. As orelhas devem ser limpas; os siameses precisam de poste de arranhar e brinquedos.

Coloração Branco cremoso; extremidades laranja quente e brilhante. A pele do nariz é cor de rosa; as almofadas das patas são cor de rosa e/ou vermelhas. A cor dos olhos é azul vivo e intenso.
Compleição Média, comprido, esguio e vigoroso; cabeça cuneiforme, longa; achatada; orelhas bem afastadas.
Temperamento Activo, esperto e curioso; requer atenção; miado sonoro.

RAÇAS ORIENTAIS

Siamês ponta foca

Com as características extremidades coloridas sobre fundo claro, o ponta foca é talvez o mais conhecido das raças com *pedigree*.

O típico siamês tem personalidade extrovertida. É muito afeiçoado com as pessoas de quem gosta; é alegre e esperto e pode ser muito miador. Não gostam de ser deixados sozinhos durante longos períodos e preferem viver aos pares ou em pequenos grupos. São por natureza muito limpos e perfeitos animais de companhia.

Coloração Vai do bege ao creme ou fulvo claro; as pontas são castanho escuro foca. A pele do nariz e das almofadas das patas é castanho escuro foca. A cor dos olhos é azul vivo e intenso.

Compleição Média, comprido, esguio e vigoroso; cabeça cuneiforme, longa; achatada; orelhas bem afastadas.

Temperamento Activo, esperto e curioso; requer atenção; miado sonoro.

RAÇAS ORIENTAIS

Siamês ponta azul cambiante

Originalmente conhecido por pontas sombreadas e, por vezes, como ponta lince, o siamês ponta cambiante foi registado pela primeira vez em 1902. Porém, só em 1961 é que foi exibida uma ninhada de pontas cambiante que causou grande sensação.

Coloração Branco azulado; as pontas são azul acinzentado cambiante. As orlas em redor dos olhos e do nariz são azul acinzentado. A pele do nariz é rosa velho ou azul acinzentado; as almofadas das patas são azul acinzentado. Olhos azul vivo e intenso.

Compleição Média, comprido, esguio e vigoroso; cabeça cuneiforme, longa; achatada; orelhas bem afastadas.
Temperamento Activo, esperto e curioso; requer atenção; miado sonoro.

Oriental chocolate riscado cambiante

A personalidade dos siameses está sujeita a imprevisíveis mudanças de humor. Um dia está contente e brincalhão; no seguinte, mal-humorado e distante. Também pode ter ciúmes de outros gatos e até de pessoas. É uma das poucas raças que pode ser treinada para usar trela.

Coloração Branco sujo com leve tom vermelho; pontas laranja quente cambiante. Orlas dos olhos e nariz rosa escuro. Pele do nariz vermelho tijolo ou rosa; almofadas rosa. Olhos azul vivo e intenso.

Compleição Média, comprido, esguio e vigoroso; cabeça cuneiforme, longa; achatada; orelhas bem afastadas.
Temperamento Activo, esperto e curioso; requer atenção; miado sonoro.

Siamês ponta tartaruga

Habitualmente, o padrão tartaruga é uma varieadade que surge quase só nas fêmeas, e os raros machos são estéreis. O siamês ponta tartaruga não é excepção. Popular por mérito próprio, o ponta tartaruga é usado em programas de criação de siameses ponta vermelho ou creme.
Tal como os outros siameses, o corpo deve ter cor uniforme, com apenas algumas manchas subtis. Todas as pontas – máscara, orelhas, pernas, patas e cauda – devem ter o mesmo tom e ser bem definidas. A máscara deve cobrir toda a cara, incluindo a zona dos bigodes, e estar ligada às orelhas por marcas traçadas.

Coloração Marfim; pontas leite com chocolate, manchado ou mesclado com vermelho e/ou vermelho claro. Pele do nariz leite com chocolate e/ou rosa; almofadas das patas vão do canela ao leite com chocolate e/ou rosa. Olhos azul vivo e intenso.
Compleição Média, comprido, esguio e vigoroso; cabeça cuneiforme, longa; achatada; orelhas bem afastadas.
Temperamento Activo, esperto e curioso; requer atenção; miado sonoro.

RAÇAS ORIENTAIS

Tafetá (*Tiffanie*)

A raça combina a compleição e cor do típico birmanês com um atraente pêlo longo e sedoso. Desenvolvido nos Estados Unidos a partir de filhotes de pêlo comprido que surgiam em ninhadas de birmaneses, adquiriu o estatuto de raça por mérito próprio. Os criadores concentraram-se no tafetá cor de areia, que ao nascer era cor de leite com café mas que alterava com a idade até se tornar cor de areia. Na Grã-Bretanha, os tafetá surgiram de programas de criação do birmanila e foram aperfeiçoados através de cruzamentos com o birmanês, que resultaram em gatinhos tafetá de todas as cores encontradas nas gamas birmanesa e malaio.
Tal como o birmanês, o tafetá é brincalhão e afeiçoado, extrovertido, bom animal de estimação.

O pêlo comprido é fácil de cuidar: basta ser escovado e penteado com regularidade.

Coloração Azul, chocolate, lilás, caramelo, vermelho, creme, damasco e associação de cores tartaruga. É admitido na versão prateada padrão e em toda a gama birmanesa. Também pode ser sombreado, esfumado, cambiante ou preto uniforme.
Compleição Média e, para o seu tamanho, surpreendentemente pesado.
Temperamento Amistoso, sociável, vigoroso e pouco caseiro.

RAÇAS ORIENTAIS

Tonquinês

Híbrido de birmaneses e siameses, o tonquinês tem características físicas de ambas as raças. O acasalamento entre birmanês e siamês resulta em gatinhos tonquineses, ao passo que o cruzamento de dois tonquineses produz, em média, dois gatinhos tonquineses, um birmanês e um siamês.

O gato tonquinês tem pontas escuras que se misturam gradualmente na cor do corpo, que é intermédia entre o típico siamês pálido e a cor escura do birmanês. Os olhos do tonquinês são azuis esverdeados ou turquesa, nunca azuis tipo siamês ou dourados tipo birmanês.

O tonquinês é um gato amistoso, afeiçoado e bastante travesso.

O pêlo é muito fácil de manter em boas condições com muito pouco esforço. Deve ser penteado para se remover os pêlos soltos e polido com pano de seda luva para lhe dar um brilho saudável.

Coloração Marta, castanho (na imagem), azul, champanhe, marta platinada, vermelho, creme; azul mosqueados: marta champanhe, marta platinada. Olhos azuis esverdeados em todas as variedades.

Compleição Média e, para o seu tamanho, surpreendentemente pesado.

Temperamento Amistoso, afeiçoado, travesso e esperto; bom animal de companhia, dá-se bem com outros gatos, cães e crianças.

Tonquinês marta vermelho

O tonquinês resulta do cruzamento entre o birmanês e o siamês, e, era de esperar, tanto a configuração como a cor é intermédia entre as duas raças. Como animal de estimação, agrada aos que consideram o siamês de exibição exagerada mas que não apreciam a corpulência e a cor quase uniforme do birmanês. De facto, o típico tonquinês é muito parecido com o «antiquado» tipo do siamês que muita gente deseja hoje em dia como animal de estimação.

Coloração Creme dourado com partes inferiores damasco. Pontas castanho avermelhado que vão do tom médio ao claro; pele do nariz e das almofadas das patas caramelo rosado. Olhos azuis esverdeados.
Compleição Média e, para o seu tamanho, surpreendentemente pesado.
Temperamento Amistoso, afeiçoado, travesso e esperto; bom animal de companhia, dá-se bem com outros gatos, cães e crianças.

RAÇAS ORIENTAIS

Tonquinês ponta chocolate

As «pontas» são a máscara (cara), orelhas, pernas, patas e cauda. Densamente marcadas, misturam-se gradualmente com a cor do corpo. A cor das pontas é a mesma do corpo, mas mais densa e mais escura. Admite-se uma cor mais clara no corpo de gatinhos e gatos adolescentes, e leves listras no pêlo; as cores escurecem com a idade – a coloração total pode levar 16 meses a desenvolver-se, em particular nas variedades de cores esbatidas.

Coloração No gato adulto, a cor do corpo deve ser intensa e uniforme, e passar de forma quase imperceptível para uma cor ligeiramente mais clara nas partes inferiores. Existe um contraste distinto entre as pontas e a cor do corpo em qualquer variedade. Olhos azul esverdeado (água-marinha), profundo, claro e brilhante.
Compleição Média e, para o seu tamanho, surpreendentemente pesado.
Temperamento Amistoso, afeiçoado, travesso e esperto; bom animal de companhia, dá-se bem com outros gatos, cães e crianças.

CRIAÇÃO

Embora as gatas domésticas comuns possam ficar grávidas e ter filhotes sem grande dificuldade — muitas vezes contra a vontade dos seus donos —, a produção de gatinhos com pedigree em condições controladas pode revelar-se difícil, e a criação de gatos não deve ser feita levianamente.

Apesar das muitas gerações de domesticação, uma gata é capaz de ressentir-se com as restrições não naturais que lhe são impostas durante o acasalamento e a gravidez. Pode mostrar-se pouco disposta a acasalar com o gato macho escolhido para ela; pode ter um período de gestação tenso ou um parto difícil. Pode rejeitar os filhotes, ter pouco leite ou de fraca qualidade, ou estar tão ansiosa que passa o tempo a mudar os filhotes de um sítio para outro.

Um criador bem sucedido é aquele para quem os ganhos financeiros não são o mais importante. Criar gatos com *pedigree* é um passatempo que tem muitas recompensas, mas nenhuma delas é financeira. Há um grande sentimento de orgulho e de realização em planear uma ninhada especial, vê-la nascer e criá-la. Um verdadeiro apreciador de gatos obterá grandes benefícios em cuidar da gata, ajudando-a durante as semanas de gravidez, assistindo ao parto e cuidando das necessidades da família que está a crescer. No lado do débito está o problema da separação dos gatinhos que ficam completamente independentes e estão prontas para irem para novos lares, quando tiverem cerca de três meses de idade.

Pode parecer lógico comprar um casal de gatos para começar uma criação, mas isso não é prático. Ter um macho não é uma tarefa para principiantes. O gato não ficará satisfeito com uma relação monogâmica e precisará de instalações especiais próprias para que o seu hábito de marcar o território com urina de forte odor não se torne num sério problema caseiro.

Os gatos orientais, como o siamês, têm geralmente um número de filhotes por ninhada acima da média, e precisam de cuidados especiais para os criar com êxito. Esta soberba gata ponta foca tem oito filhotes fortes e saudáveis.

CRIAÇÃO

Para começar uma criação é melhor comprar uma ou duas fêmeas da raça escolhida; deve procurar os conselhos de um criador experiente ou de um juiz de exposições e adquirir as melhores fêmeas que puder. Duas fêmeas fazem companhia uma à outra e, se não forem aparentadas, darão boa base para linhagens próprias nos anos futuros. Uma gatinha para reprodução deve ser adquirida com cerca de três meses de idade. Deve ter conformação forte, bom temperamento, pedigree impecável e estar devidamente registada numa associação felina reconhecida. Deve estar bem desenvolvida para a idade e ter recebido todas as vacinas adequadas, das quais deve ter certificados. Até atingir a idade adulta, a gatinha deve levar uma vida normal, com boa alimentação, cuidados correctos com o pêlo, ter muito com que brincar e cuidados ternos e carinhosos.

O primeiro período ou menstruação da gatinha pode ser variável, por isso, deve ser observada com cuidado e não deve andar livre. Quando ocorre a sua primeira menstruação, deve ser cuidadosamente observada. No período de menstruação seguinte, se tiver pelo menos dez meses de idade, se o veterinário concordar que está fisicamente pronta para isso já pode ser acasalada.

Os gatos com pedigree para criação chamam-se reprodutores. Provaram por várias vezes as suas qualidades superiores nas exposições e têm um elevado estatuto por conseguirem aproximar-se das melhores características do padrão relativo às suas respectivas raças. Como o gato reprodutor pulveriza o seu território, para o marcar, com urina penetrante, deve estar confinado às suas próprias instalações.

Os acasalamentos devem ser estritamente controlados, testemunhados e registados pelo proprietário do reprodutor, que passará um certificado de criação ao proprietário da gata que, por seu lado, pagará o valor acordado. O gato e a gata têm algumas horas para se acostumarem um ao outro e quando o proprietário do reprodutor tiver a certeza de que os gatos se dão bem e não são agressivos,

Os que gostam do esfinge, que parece pelado, trabalham para que seja aceite para exibição e registado. Outros pensam que uma raça não viável em estado bravio, não deve ser encorajada.

CRIAÇÃO

CRIAÇÃO SELECTIVA

De vez em quando, ocorrem anomalias em ninhadas de gatinhos, tanto com *pedigree* como comuns; por vezes, os criadores fascinados por todas as coisas novas ou invulgares decidem tentar perpetuar as características invulgares e talvez produzir uma nova raça. Através da criação selectiva de uma ou várias gerações, é possível determinar a compleição genética de uma nova característica felina e elaborar, depois, um programa de criação formal e construtivo para desenvolver uma nova raça. As características que prejudiquem o bem-estar do gato devem ser desaprovadas pelos amantes de gatos e rejeitadas pelas associações para registo e criação.

As orelhas dobradas do curl americano não parecem apresentar qualquer problema, e a raça é admitida por algumas associações americanas.

e de que a gata está realmente pronta, esta é solta e pode então acasalar.

Este procediemnto é repetido, normalmente durante dois ou três dias, para garantir o sucesso do acasalamento; depois, a gata é devolvida ao dono.

O dobrado escocês não é reconhecido por algumas associações porque as suas orelhas muito dobradas são impossíveis de manter limpas e saudáveis, e também porque alguns gatinhos apresentam anomalias no esqueleto.

MATERNIDADE

As mães gatas cuidam dos seus filhotes com dedicação absoluta até que estes consigam cuidar de si mesmos. Os gatos machos não se envolvem na criação dos filhotes, embora tenham sido observados a brincar com eles em colónias de gatos bravios.

Após o acasalamento, o óvulo fertilizado implanta-se na parede uterina da fêmea e as glândulas segregam hormonas que dão origem a certos padrões de comportamento. A gata torna-se mais sensível ao perigo, limpa-se mais e o seu apetite aumenta. Se for uma gata que viva em liberdade, passa a caçar com mais empenho e também comerá certas ervas por si escolhidas.

À medida que a gravidez avança, a gata escolhe zonas isoladas para dormir. As sessões de limpeza aumentam, dá atenção particular à zona genital e os mamilos crescem gradualmente. Quando se aproxima o final do período de gestação de 63 dias, a gata procura um sítio adequado para parir. A primeira etapa do parto pode demorar muitas horas. A gata está inquieta e não come, embora beba de vez em quando. Por fim, quando começa a segunda etapa do parto com as suas típicas contracções, a gata desloca-se para o sítio que escolheu para parir. As contracções tornam-se gradualmente mais fortes e mais frequentes e, antes da saída da primeira cria, é expelida uma bolsa de líquido que prepara a passagem para o nascimento.

As crias podem nascer com a cabeça ou com a cauda virada para fora, sendo normais as duas posições. Assim que a cabeça ou a parte traseira surgem, a gata lambe as membranas enquanto as contracções empurram a cria para fora. Por vezes,

A mãe gata está sempre a limpar os filhotes, lambendo-os com a língua áspera.

As crias nascem cegas e surdas, mas têm bom faro, que lhes permite encontrar os mamilos e começar a alimentar-se mesmo antes de estarem completamente secas.

especialmente com a primeira, a cria parece entalada pelos ombros ou quadris, mas normalmente é expelida sem interferência humana enquanto a gata muda a sua posição e se abaixa. Retira, lambendo-as, todas as membranas que envolvem os recém-nascidos e corta o cordão umbilical a cerca de 13 mm do corpo da cria. O toco do cordão seca e cai, deixando o umbigo limpo, no espaço de uma semana. A placenta pode passar ainda agarrada à cria ou pode ser expelida mais tarde, depois de a cria ser limpa, seca e alimentada. A mãe gata costuma comer a placenta que é rica em nutrientes e que, no estado bravio, a alimenta até poder caçar.

Após o nascimento da primeira cria, segue-se o resto da ninhada em intervalos regulares, e a mãe gata trata todas da mesma forma. Lambe e limpa cada uma das crias, retirando a membrana do corpo, limpando o muco do nariz e boca e estimulando-as a respirar. A mãe também lambe com vigor a região anal do filhote, estimulando-o a evacuar o mecónio, que é uma matéria escura que barra o intestino.

Ao longo dos anos, os gatos foram criados de forma selectiva para se adequarem aos padrões de qualidade. Vemos aqui dois tipos extremos entre o esbelto oriental de cabeça alongada (à esquerda) e o pesado persa de cabeça redonda (à direita).

Quando nasce a última cria da ninhada, a mãe gata limpa a sua própria região genital, pernas e cauda. Reúne as crias, deita-se de lado e encoraja-as a mamar. Podem passar-se 24 horas antes que abandone o ninho para comer ou beber. As pequenas crias só urinam e defecam quando são estimuladas para isso pela mãe, que tem uma rotina fixa para cuidar dos filhotes.

A mãe gata pode resolver levar a sua ninhada para um novo sítio, e transporta as crias uma de cada vez, agarrando-as firmemente pelo cachaço.

Por sua vez, após alimentar as crias, lambe-se, limpa-se e come todo o material excretado por elas, para garantir que o ninho fique limpo. Em estado bravio, trata-se de um factor de segurança para não deixar pistas que denunciem a localização dos filhotes.

Mesmo após séculos de domesticação, os gatos readquirem muitas vezes os padrões inatos de comportamento dos seus antepassados bravios. Mais ou menos três semanas depois de dar à luz os seus filhotes, a gata pode resolver subitamente levá-las para outro local. Agarra cada um dos filhotes pelo pescoço, segurando-o com as mandíbulas, mas não rompe a pele deles com os dentes; levanta-o e transporta-os entre as pernas dianteiras para o novo local. Leva cada um até ter a certeza de que a ninhada está num lugar seguro. Quando os filhotes são agarrados pelo pescoço, a resposta natural destes consiste em assumirem a posição fetal e ficam completamente flexíveis. Isto significa que raramente se magoam quando transportados.

Até terem cerca de três semanas de idade, a mãe gata dá-lhes tudo o que precisam; sai apenas para comer, beber e fazer as suas necessidades, e regressa o mais depressa possível para junto dos seus filhotes. Por volta dos dez dias, os gatinhos abrem os olhos e começam gradualmente a responder a vários estímulos. Durante as primeiras três ou quatro semanas, tentam sair da zona do ninho, tornam-se mais fortes e movem-se mais, começam a aceitar comida sólida e passam menos tempo com a mãe.

Durante as primeiras semanas de vida, a mãe dá muitos ensinamentos aos filhotes acerca do que é ser felino. Encoraja-os a simular vários comportamentos, como caçar e matar, e inicia-os nas primeiras etapas de limpeza, chamando-os para a seguirem quando querem urinar ou defecar. Na altura em que estiverem desmamados e prontos para irem para novos lares, a mãe tem de garantir que cada um deles seja um gatinho independente e seguro de si.

DESENVOLVIMENTO DOS GATINHOS

As crias nascem cegas e surdas. Porém, têm um bom faro para poderem localizar os mamilos da mãe, e um forte reflexo de mamar, o que significa que tomam o leite suficiente para satisfazer as suas carências. Entre uma semana e dez dias depois de nascerem, os olhos abrem-se e a audição começa a desenvolver-se; até a ninhada ter três semanas de idade, a mãe olha constantemente por eles, alimentando-os, limpando-os e estimulando-os a urinar e a defecar lambendo as suas zonas genitais. A mãe ingere os dejectos e passa cerca de 70 por cento do tempo a cuidar da família.

Após duas semanas na maternidade, os filhotes arrastam-se e, com três semanas, começam a levantar-se e a prestar atenção ao que se passa à sua volta. Entre as três e as seis semanas, fazem grandes avanços: aprendem a brincar, a fazer sons e mostram interesse por comida sólida. A partir das quatro semanas, usam um canto da sua caixa como casa de banho, e pelas seis semanas podem ser ensinadas a usar uma caixa de areia. Entre as oito e as dez semanas, tendo aprendido a comer alimentos variados e a passar tempo sem a mãe, os gatinhos tornam-se independentes.

EXIBIÇÃO

Uma pessoa que cria ou exibe gatos chama-se criador de gatos, e normalmente dedica-se ao passatempo com um enorme amor por tudo o que tem a ver com os felinos.

Os criadores de gatos partilham um laço comum e o interesse em querer criar ou possuir o gato perfeito. A maioria dos gatos demonstra uma completa indiferença por estar diante do público, mas os donos têm uma grande satisfação pessoal em ganhar prémios com os seus animais de estimação.

O vencedor não tem ganhos financeiros; as despesas de ingresso são elevadas e em geral não há prémios em dinheiro. Rosetas, faixas e troféus são orgulhosamente ostentados em casa. Os expositores apreciam as exposições de gatos como eventos sociais regulares. Toda a família assiste e aprecia o espectáculo, e alguns gatos até parecem gostar de ser mimados e admirados pelos juízes e pelo público atento do salão de exibição.

A primeira exposição registada realizou-se em 1598, na feira de St. Giles em Winchester, na Inglaterra; mas a primeira com juri, na qual os gatos estavam em celas individuais, teve lugar no Crystal Palace de Londres em 1871. A primeira exposição

Embora não ganhem financeiramente nas exposições, o objectivo da maioria dos expositores é vencer os primeiros prémios. Aqui, um encantador chinchila castrado e um filhote posam com os seus prémios.

EXIBIÇÃO

americana com juri aconteceu, em 1895, no Madison Square Garden de Nova Iorque. A moda de exibir gatos e de competir por prémios espalhou-se pelo mundo e, realizam-se centenas de exposições. Cada país tem uma ou mais associações que aceitam gatos para registo e promovem exposições.

Cada associação tem regras próprias e linhas mestras para a criação, registo e exibição de gatos, e costuma publicar informação útil sobre todos os aspectos relacionados com estes animais. Na América do Norte, os criadores têm à disposição um grande número de organizações felinas.

A melhor forma de entrar no mundo da exposição é começar por ler uma das muitas revistas especializadas que apresentam listas dos eventos; observar as exposições durante um ou dois dias pode ser muito valioso. A maioria dos expositores adora falar acerca dos seus gatos e das normas das exposições. Estas têm gabinetes de informação com prestimosos assistentes, e quando alguém se torna membro de uma associação fica com acesso a uma vasta quantidade de informação. Cada associação tem regras e métodos de organização de exposições próprias, mas num aspecto são idênticas: a primeira prioridade é sempre o bem-estar do gato.

Os gatos são avaliados por juizes qualificados que comparam as qualidades de cada segundo as características padrão raça ou variedade, e depois classificam-nos no grupo, segundo uma ordem de mérito e a nomenclatura própria para vencedores dos primeiros prémios: Campeão, Campeão Supremo e assim por diante. Até gatos domésticos sem *pedigree* podem ser exibidos e têm uma secção própria na maioria das exposições. Como não podem ser avaliados segundo um padrão de raça, são julgados segundo o temperamento, condição e aspecto estético geral.

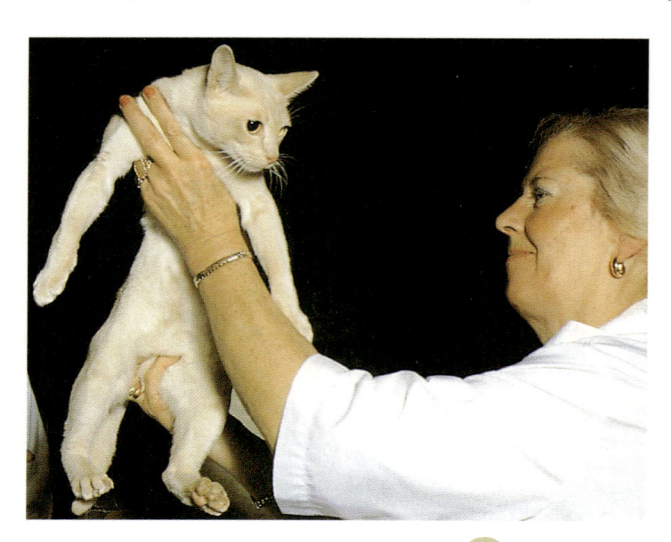

Nas exposições do GCCF, os gatos são individualmente avaliados, depois de se pedir aos donos que abandonem a zona principal do recinto de exibição.

ASSOCIAÇÕES E ORGANISMOS DIRECTIVOS

Nos países em que são criados e exibidos gatos com *pedigree*, há uma ou mais associações ou organismos directivos que mantêm registo dos gatos e das suas linhagens e estabelecem regras e regulamentos para exposições. A Grã-Bretanha tem o Governing Council of the Cat Fancy (GCCF) e a Cat Association of Britain, que é o membro britânico da FIFe. Os criadores americanos têm várias associações, a maior das quais é a Cat Fancier's Association (CFA), que também tem clubes filiados no Canadá e no Japão.

Na Europa, Austrália e América do Sul, há organismos nacionais e outras associações, e, em geral, uma em cada país é membro da Federação Internacional Felina (FIFe), que é a maior e mais poderosa das associações felinas do mundo. A FIFe tem milhares de membros, cobrindo todo o mundo dos gatos, e treina e licencia juizes de alta qualidade em todo o mundo.

ACA A mais antiga conservatória americana de gatos, fundada em 1899, a **American Cat Association** é uma pequena e imparcial associação que realiza exposições no sudeste dos Estados Unidos. American Cat Association (ACA), 8101 Katherine Drive, Panorama City, CA 91402.

ACC O **American Cat Council** é a uma associação pequena, que modificou as exposições "estilo inglês" nas quais os expositores têm de abandonar a sala de exposições durante a avaliação dos juizes.

American Association of Cat Enthusiasts, P.O. Box 213, Pine Brook, Nova Jérsia 07058. Tel: (973) 335 6717; Fax: (973) 334 5834.

ACFA Associação internacional dirigida de forma muito democrática, a **American Cat Fanciers' Association** tem clubes filiados no Canadá e no Japão, e edita um boletim informativo mensal para os seus membros.

CFA A **Cat Fanciers' Association** é a maior associação americana. Produz um impressionante anuário repleto de artigos, anúncios de criadores e belas fotografias a cores. Quase todos os fins-de-semana há exposições da CFA em qualquer parte dos Estados Unidos. Cat Fanciers' Association Inc., P.O. Box 1005, Manasquan, Nova Jérsia 08736 0805. Tel: (732) 528 9797; Fax: (732) 528 7391.

CCFF Embora seja uma das mais pequenas associações americanas, a **Crown Cat Fanciers' Federation** realiza muitas exposições todos os anos nas regiões do nordeste e sudeste americanos, e também no oeste do Canadá.

CFF Com as suas muitas actividades centradas na região nordeste dos Estados Unidos, a **Cat Fanciers' Federation** é um organismo de registo de média dimensão. Cat Fanciers' Federation, 9509 Montgomery Road, Cincinnati OH 45242. e.mail: http://www.cffinc.org

CFP Clube Português de Felinicultura
Rua Doutor Faria de Vasconcelos, 4 - r/c dto., Lisboa, Tel. 21 8479664, http://www.planetaclix.pt/cpfel

FIFe A maioria dos países europeus tem pelo menos dois organismos para o registo de gatos e licenciamento de exposições. É provável que um deles seja filiado na **Federation Internationale Feline**, uma enorme sociedade anónima bem organizada que também tem filiados fora da Europa. Fundada em 1949, a FIFe é actualmente o maior organismo mundial de felinicultura, unindo mais de 150 000 criadores e expositores de todo o mundo.

TICA A **The International Cat Association** edita um boletim informativo bimestral e um anuário. Tem uma abordagem moderna às exposições e organiza eventos nos Estados Unidos e através de filiados no Canadá e no Japão. International Cat Association, P.O. Box 2684, Harlingen, Texas 78551.

ÍNDICE REMISSIVO

A

Abexim (Abissínio) 22, 152, 153
   Azul 153
   Canela 153
Alimentação 36, 39
Americano (pêlo curto)
   Azul cambiante 111
   Azul Tartaruga 114
   Castanho Tartaruga 114
   Pêlo duro 115
   Prateado cambiante 113
   Tigrado cambiante 112
Americano, Curl 82, 215
Angorá 83-5
   Branco 85
   Lilás 84
   Olhos em mosaico 85
Asiático 154-5
   Cambiante 155
   Esfumado 155

B

Balinês 186-7
   Ponta de Cor Azul 187
   Ponta de Cor Foca Cambiante 187
Bengali 156-157
   Leopardo malhado 157
   Neve 158
Bicolores 53, 54, 104, 122, 138, 148
Birmane 86-91
   Foca Cambiante 90
   Ponta Azul 86
   Ponta Chocolate 87
   Ponta Creme 88
   Ponta Foca 89
   Ponta Tartaruga 91
Birmanes 160-164
   Azul 161
   Champanhe 162
   Creme 162
   Platinado 163
   Tartaruga 164
   Vermelho 163
Birmanila 165-7
   Pontilhado 167
   Sombreado 166
Bombaim 159
Britânico (pêlo curto) 116-132
   Azul (uniforme) 118
   Azul cambiante 129
   Azul-creme 123
   Azul e branco 121
   Branco (uniforme) 120
   Cambiante 128
   Chocolate (uniforme) 118
   Creme (uniforme) 119
   Creme e branco 122
   Esfumado 126
   Lilás (uniforme) 119
   Malhado 127
   Mesclado (calico) 124
   Ponta de cor 125
   Pontilhado 131
   Prateado cambiante 131
   Preto (uniforme) 117
   Tartaruga 132
   Vermelho cambiante 129
   Vermelho tigrado cambiante 130

C

Cabeça 18-19
Cartuxo (Charteux) 133
Comportamento 27-32
Configuração 16-17
Criação 213-15
Criação selectiva 215
Cuidados 33-42
   A escolha 34
   Alimentação 36
   Alimentos frescos 36
   Alimentos pré-preparados 38
   Doenças 42
   Limpeza 40
   Sexagem 35
Cunrique (Cynric) 92

D

Dobrado (Fold) escocês 147-8, 215
   Bicolor 148
   Mesclado Calico 148
Doenças e parasitas, controlo de 33, 42
Domesticação 12-15

E

Esfinge 20, 183, 214
Esterilização

Europeu (pelo curto) 134-6
   Malhado de preto 135
   Tigrado cambiante 136
Exposição 219-22
   Indicações úteis 221-2

G

Gatinhos, desenvolvimento dos 48
Géneros 12-13
Guia de Identificação 43

H

Havanês castanho 173
Himalaiana, pelagem 23

I

Invulgar (pelo curto) 137-44
   Azul 139
   Bicolor 138
   Castanho cambiante 144
   Calico (Mesclado) 140
   Esfumado 143
   Ponta de cor 141
   Prateado cambiante 144
   Prateado sombreado 142

J

Javanês 190

K

Korat 175

M

Maine, Gato (Coon) do 93-96
   Calico esbatido 94
   Sombreado vermelho 95
   Tartaruga 96
Malaio 176
Manquês (Manx) 145
   Tartaruga 146
Maternidade 216-18
Mau egípcio 172
Miacis 6, 12

N

Norueguês (dos Bosques), Gato 97-102
   Branco 102
   Castanho cambiante 99
   Preto esfumado 98
   Tartaruga 101

ÍNDICE REMISSIVO

Vermelho e branco 100

O

Ocegato 177
Olhos 19
Oriental (pelo curto)
   Azul 192
   Branco 194
   Canela 192
   Chocolate marmoreado cambiante 197
   Chocolate prateado sombreado 196
   Chocolate riscado cambiante 198
   Creme 193
   Lilás 193
   Prateado malhado cambiante 199
   Preto 191
   Preto esfumado 195
   Tartaruga 200
   Vermelho 194

P

Pelagens (tipos e cores) 20-25
Pequinês, cara de 60
Persa (pêlo comprido) 20, 46-79
   Azul 47
   Azul-creme 55
   Azul esfumado 62
   Bicolor 53
   Branco 52
   Calico 72
   Camafeu 56
   Camafeu sombreado vermelho 57
   Cambiante 66
   Cara de pequinês 60
   Castanho cambiante 67
   Chinchila 58
   Chinchila dourado 59
   Chocolate 48
   Creme 49
   Creme esfumado 63
   Dourado 59
   Esfumado 61
   Lilás 50
   Ponta azul cambiante 77
   Ponta chocolate cambiante 78
   Ponta de cor azul 73
   Ponta de cor creme 74
   Ponta de cor foca 76
   Ponta de cor vermelho 75
   Ponta foca cambiante 79
   Prateado cambiante 69
   Preto 46
   Tartaruga cambiante 70
   Tartaruga esfumado 65
   Van bicolor 54
   Vermelho 51
   Vermelho esfumado 64
   Vermelho cambiante 68
   Ponta de cor chocolate cambiante pelo curto 187
   Ponta de cor pelo curto 186

R

Rabão japonês 174
Ragdoll 103-6
   Bicolor 104
   Enluvado azul 106
   Enluvado foca 106
   Ponta de cor 105
Rex da Cornualha 20, 168-9
   Esfumado 169
   Tartaruga 169
Rex de Devon 20, 21, 170-1
   Ponta de Cor 171
   Tartaruga 171
Russo azul 178

S

Sexagem 35
Seychellense 201
Siamês 202-8
   Ponta azul 203
   Ponta azul cambiante 207
   Ponta chocolate 204
   Ponta creme 204
   Ponta foca 206
   Ponta lilás 205
   Ponta vermelha 205, 207
   Ponta tartaruga 208
Singapura 179
Somali 180-2
   Chocolate não-prateado 181
   Fulvo não-prateado 181
   Prateado 182
   Vermelho prateado 182

T

Tafetá (Tiffanie) 209
Território 30-2
Tonquinês 24, 210-2
   Chocolate manchado 212
   Vermelho marta 211

V

Van turco 107